어린이를 위한
수학의 쓸모

연산편

어린이를 위한 수학의 쓸모 연산 편

Oshigoto Sansuu Drill Business×Keisan
© a.school / Gakken 2022
First published in Japan 2022 by Gakken Plus Co., Ltd., Tokyo
Korean translation rights arranged with Gakken Inc.
through BC Agency

이 책의 한국어 판 저작권은 BC에이전시를 통해
저작권자와 독점계약을 맺은 동양북스에 있습니다.
저작권법에 의해 한국 내에서 보호를 받는 저작물이므로
무단전재와 복제를 금합니다.

얘들아!
수학을 공부했으면
어떻게 쓰는지를 알아볼까?

어린이를 위한
수학의 쓸모

비즈니스 ✕ 연산

연산을 이용해서 **편의점**을 운영하라!

에이스쿨 저

동양북스

머리말

사회를 움직이는 살아 있는 수학을 배우자!

"수학은 재미없어!"
"수학이 무슨 소용이야?"
누구나 한 번쯤은 이런 생각을 해보았을 겁니다.

아이들이 수학 연산 학습에 질려 버리는 이유는 여러 가지가 있겠지만, 저는 '기계적인 반복 연습이 많은 점(재미없어!)'과 '생활과 수학의 접점이 보이지 않는 점(수학이 우리 생활에 어떤 도움이 되는지 모르겠다!)'라는 두 가지가 가장 큰 요인이지 않을까 생각합니다.

저는 어린 시절부터 수학을 매우 좋아해서 교과서를 벗어나, 세상 밖에서 펼쳐지는 재미있고 심오한 수학의 세상을 알고 있었지요. 그래서 '수학을 싫어하거나 연산에 서툰 아이들도 내가 아는 수학의 세계로 데려갈 수 있다면 분명 수학을 좋아하게 될 텐데' 하고 고민하던 끝에 생각해 낸 것이 바로 이 책 『어린이를 위한 수학의 쓸모』입니다.

만약 본인이 가장 좋아하는 옷 브랜드나 멋진 건축물, 자주 가는 편의점 등 다양한 곳에서 수학이 활용되고 있다고 실감할 수 있다면 어떨까요? 디자이너, 건축가, 편의점 점장이 되어 수학을 업무 속에서 사용해본다면 말이죠.

예를 들어, '덧셈', '뺄셈', '곱셈'이라고 하는 수학 연산은 비즈니스에 있어 매우 중요합니다. '매출', '이익', '상품 구매', '재고' 등 비즈니스가 이루어지는 곳에는 반드시 수학 연산이 등장하니까요.

업무를 할 때 수학 연산에 능숙하다면 더 많은 이익을 낼 수 있을지도 모릅니다. 모든 계산은 컴퓨터에 맡기면 된다고 생각하는 사람도 있을지 모르지만, 무엇을 어떻게 계산하면 좋을지는 사람이 잘 생각해 두어야 할 필요가 있습니다.

『어린이를 위한 수학의 쓸모-연산편』에서는 여러분이 실제 편의점 점장이 되어 편의점 운영에 도전하여 편의점의 매출·이익 관리, 상품 구매, 재고 관리를 하게 됩니다. 이익을 내기 위해 서로 경쟁하는 게임 형식으로 되어 있어서 아이들도 즐겁게 할 수 있고, 게임을 하는 동안 실제 도움이 되는 연산을 많이 해 봄으로써 어느새 수학 연산을 싫어하지 않게 될 수 있습니다.

'일할 때 쓰는 수학 연산의 세계를 더 많은 아이들에게 전하고 싶다!'라는 생각에서 만든 책이 바로 『어린이를 위한 수학의 쓸모-연산편』입니다. 일반적인 수학 연산 학습서와는 달리, 읽으면서 자신이 일하는 사람으로 몰입되는 이야기 전개, 흥미로운 칼럼, 집에서 할 수 있는 미션들이 들어 있는 것이 큰 특징입니다. 부모와 자녀가 함께 즐길 수도 있는 책 구성이기에 부디 아이와 즐겁게 이야기하면서 활용해주시면 감사하겠습니다.

자, 그럼 『어린이를 위한 수학의 쓸모』의 세계로 들어오세요.

주식회사 에이스쿨 대표
이와타 다쿠마

목차

머리말 …… 004
이 책의 구성 및 활용법 …… 008

1일째

재고 계산 …… 015
두 자리 수의 덧셈·뺄셈

2일째

매출 계산 …… 027
(네 자리 수) × (한 자리 수) 곱셈,
네 자리 수의 덧셈

3일째

이익 계산 …… 037
네 자리 수의 뺄셈,
(네 자리 수) × (한 자리 수) 곱셈

4일째

구매 계획 …… 047
네 자리 수의 뺄셈,
(네 자리 수) × (한 자리 수 또는 두 자리 수) 곱셈

어린이를 위한 수학의 쓸모

비즈니스 × 연산

5일째	**판매 분석** 059
	막대그래프, 꺾은선그래프, 원그래프, 평균 계산

6일째	**편의점 경영** 073

7일째	**다양한 가게** 083

자료 페이지

연산이네 방 098
- (네 자리 수) × (한 자리 수) 계산 방법
- 비율 계산 방법
- 그래프 보는 법 · 읽는 법
- 평균 구하는 법

부록

정답 & 해설 102

이 책의 구성 및 활용법

1 만화 읽기

책 속의 등장인물이 된 것처럼 등장인물이 하는 일들을 함께 체험해봐요. 만화 안에 '어떤 일을 하는지'와 '그 일을 왜 하는지'가 이해하기 쉽게 설명되어 있으니 꼼꼼하게 읽어주세요.

2 미션 도전

● 자료 페이지_연산이네 방

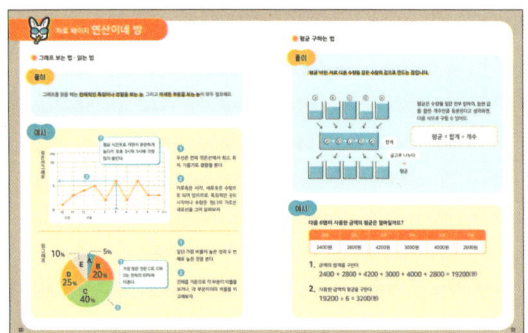

미션에 나오는 수학 연산 문제를 푸는 데 도움이 될 만한 자료들을 준비해 두었습니다. 미션을 수행할 때 헷갈리거나 모르는 부분이 나오면 이 페이지를 참조해주세요.

* 이 책에서 다루는 업무의 내용이 실제와 다소 다를 수 있습니다.

일자별로 그날의 업무 목표를 달성하기 위한 미션이 주어집니다. 등장인물이 나누는 대화와 연습 문제 풀이를 참고하여 미션을 수행해보세요.

3 칼럼 읽기

그날의 업무에 대한 보충 정보나 도움이 되는 지식을 소개하고 있습니다. 퀴즈도 있으니까 답을 예상하면서 재밌게 읽어보세요. 자신이 한 업무에 대해 더욱 자세히 알게 될 거예요.

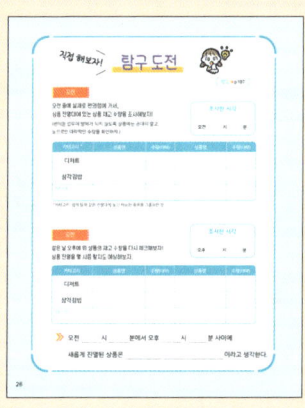

4 탐구하기

그날 배운 내용을 자신의 주변으로 확대해 탐구해봐요. 거리로 나가 찾아보기, 인터넷으로 조사하기 등의 도전을 준비해 두었으니 꼭 해보세요. 정답은 하나가 아닙니다.

● 부록_정답 & 해설

미션의 정답과 탐구 도전의 정답 예시가 수록되어 있습니다. 자세한 해설이 수록되어 있어 풀이나 발상의 힌트로 활용할 수 있습니다. 또한, 집에서 할 수 있는 소소한 탐구 사례도 많이 소개하고 있으니 꼭 해보시기 바랍니다.

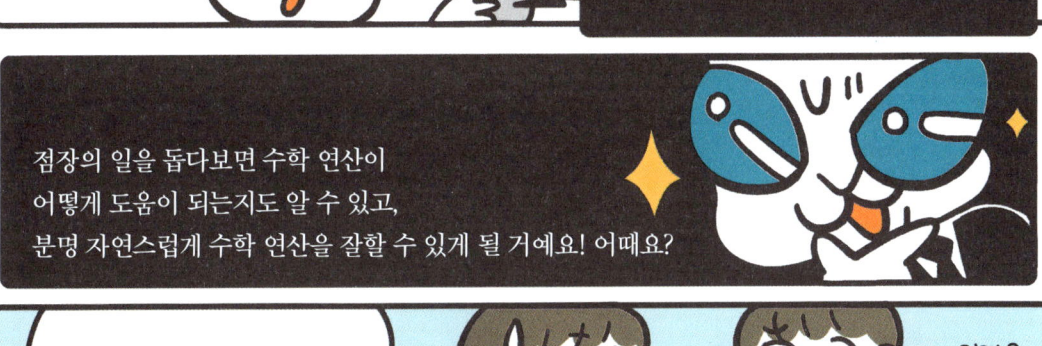

1일째

재고 계산

> **1일째에 사용하는 수학 연산**
> 두 자리 수의 덧셈·뺄셈

1일째는 수학 문제보다 먼저 편의점 업무에 익숙해져 보세요.

곤란한 상황에 처한 점장을 구하라!

미션 1.
재고를 관리하라!

 **상품이 입고되면 재고 수량은 어떻게 되지?**

* 입고: 상품이 가게에 새롭게 들어오는 것

 갑작스럽겠지만, **입고* 후 재고 수량**을 확인해줄 수 있을까? 부탁해!

 네! 알겠습니다. 점장님.

그러니까
재고 수량은 이미 편의점에 있는 상품 수량이고, 입고 수량은 새롭게 들어온 상품의 수량이구나!

 재고 수량   입고 수량

 '입고 후 재고 수량'은 하나씩 세면 되나?

그래!
 입고 전 재고 수량을 기록해 두니까 **입고 수량을 세면 덧셈으로 구할 수 있어!**

입고 전 재고 수량은 알고 있다 + 입고 수량은 새롭게 센다

그렇구나!
 그럼, 나는 입고 수량을 셀게!

연습

 오빠, 컵라면 입고 수량은 '8개'야!

 OK! 그럼 원래 있던 컵라면 10개에 8개를 더하면 얼마지?

컵라면

재고 수량		입고 수량		입고 후 재고 수량
10	+	8	=	………………

▶ 정답: 18

 오, 그래그래! 그렇게 하는 거야. 부탁해!

오빠, 각 상품별로 입고 수량을 셌어!

1일째 · 재고 계산

 **미션 »** 입고 후 재고 수량을 구하라!

(정답 ▶ p104)

	재고 수량		입고 수량		입고 후 재고 수량
삼각김밥 	23	+	22	=	....
감자칩 	36	+	21	=	....
티슈	25	+	18	=	....
카페라떼	13	+	27	=	....
사탕	35	+	....	=	....
볼펜	21	+	....	=	....
세제	5	+	....	=	....

사탕 26
볼펜 7
세제 19

왼쪽에 적힌 세미가 센 입고 수량을 옮겨 적으면!

땡큐~

 ## 판매 후 재고 수량은 어떻게 되지?

 점장님, 재고 수량을 구했어요!

 고마워!

다음은 **판매 수량, 즉 팔린 수량**을 확인해주면 좋겠어. 기계가 고장 났으니까, 이 노트에 판매 수량을 적어줘!

 네!

--- 시간이 잠시 지난 후 ---

 좋아, 지금쯤 **현재의 재고 수량**을 확인해야 해!

 어, 또 재고 수량인가요? 또 세야 하는 건가요?

 그게 아니라… 앗, 손님이다. 어서 오세요!

 가버리셨네…. 아, 판매 수량을 적어둔 이 메모를 이용하면 되려나?
오늘 아침에 조사한 재고 수량에서 판매 수량을 빼면 현재의 재고 수량이겠네.

 입고 후 재고 수량 —  판매 수량

연습

 오빠, 컵라면은 '12개' 팔렸어!

 12개라고? 그럼, 18개가 있었으니까 거기에서 12개를 빼면 얼마지?

 컵라면

입고 후 재고 수량	판매 수량		판매 후 재고 수량
18	− 12	=	…………………

▶ 정답: 6

 대단한데!

휴~, 바쁜 시간은 끝났고!
어, 안 알려줘도 아는군!

'입고 후 재고 수량'과 '판매 수량'을 적어놨어!

미션 » 판매 후 재고 수량을 구하라!

정답 ▶ p105

	입고 후 재고 수량	판매 수량	판매 후 재고 수량
삼각김밥	45 −	10 =	....
감자칩 	57 −	17 =	....
티슈	43 −	28 =	....
카페라떼	40 −	34 =	....
사탕	61 −	32 =	....
볼펜	28 −	6 =	....
세제 	24 −	8 =	....

그래 좋아!

세미야, 제법인데! 입고 후 재고 수량은 오늘 아침에 계산한 수량으로 하면 되겠지?

1일째 · 재고 계산

입고와 판매를 반복한다면?

어? 또 배송 트럭이다.

입고가 하루에도 몇 번씩 있다고 말해주는 걸 깜빡했네!

으악~ 그럼 입고 후 판매, 입고 후 판매의 반복인가요?

맞아! 바로 그거야! 그래서 입고할 때마다 재고 수량을 다시 확인해야 해. 판매 수량을 빼고 입고 수량을 더하는 계산을 반복해야 하지.

그럼, 저는 입고 수량을 셀게요!

음, 그렇다면 이렇게 되겠네요.

9시 재고 수량	9시~12시 판매 수량	12시 입고 수량	현재 재고 수량
−	+	=	

연습

컵라면의 입고 수량은 28개였어! 컵라면이 많이 왔어!

OK! 판매 수량을 뺀 다음 입고 수량을 더하면 되겠네.

컵라면

9시 재고 수량	9시~12시 판매 수량	12시 입고 수량	현재 재고 수량
18 −	12 +	28 =	....

▶ 정답: 34

미안~ 계산이 복잡하니까 주의하도록 해!

> 오빠, 입고 수량을 다 셌어!

1일째 · 재고 계산

미션 » 현재 재고 수량을 구하라!

(정답 ▶ p106)

낮 12시

	9시 재고 수량	9시~12시 판매 수량	12시 입고 수량	현재 재고 수량
화장지	15	− 8	+ 12	= ....
감자스틱 	24	− 6	+ 17	= ....
티슈	43	− 28	+ 16	= ....

> 앗, 오빠! 물건이 또 들어왔어!

오후 3시

	9시 재고 수량	9시~12시 판매 수량	12시 입고 수량	12시~3시 판매 수량	3시 입고 수량	현재 재고 수량
카페라떼	40	− 34	+ 14	− 18	+ 5	= ....
빵	25	− 11	+ 11	− 15	+ 20	= ....
삼각김밥	45	− 10	+ 6	− 22	+ 13	= ....

> 빵이나 삼각김밥은 하루에도 몇 번씩 입고되는구나. 자, 그럼 왼쪽부터 순서대로 계산해볼까?

 **오늘 근무를 마치고** [재고 관리의 비밀]

 오늘 물건을 엄청 셌네요.
편의점 상품은 종류가 몇 가지나 있어요?

정말 좋은 질문이야! 몇 종류일 것 같아?

퀴즈 편의점에는 대략 몇 종류의 상품이 놓여 있을까?

A 약 500종류   **B** 약 1000종류   **C** 약 3000종류   **D** 약 5000종류

 음~, 제 생각에는 왠지 B인 것 같아요!

정답은 C! 대략 3000종류야! 생각보다 꽤 많지?

 배송 트럭이 그렇게나 많은 종류의 상품을
배달해주는군요!
저 배송 트럭은 어디에서 오는 거예요?

각 상품들이 일단 물류센터에 모이고 트럭은 거기에서 물건을
싣고 오는 거야!

회사 — 배송 — 물류센터 — 배송 — 편의점

*발주: 물건을 보내달라고 주문함

 하루에도 여러 번 배송 트럭이 오네요!
삼각김밥이나 빵은 몇 번이나 입고 수량을 셌어요!

 그렇지! 그럼 하루에 배송 트럭이 몇 번 정도 올 것 같아?

퀴즈 삼각김밥을 운반하는 배송 트럭은 하루에 몇 번이나 올까?

A 2번　　**B** 3번　　**C** 4번　　**D** 5번 이상

 저희가 있는 동안 3번 왔으니까, D 5번 이상이려나요?

 아쉽네! 정답은 C! 4번이야.
아래 그림처럼 상품마다 철저하게 온도 관리를 하기 때문에
상품별로 트럭의 배송 방식을 다르게 하고 있어.

-20℃	5℃	20℃	상온*	

냉동 배송 주 3~7회	저온 배송 하루 2~3회	도시락류 배송 하루 4회	상온식품 배송 주 3회	편의점
• 아이스크림 • 얼음 • 냉동식품	• 우유 • 디저트 • 반찬	• 도시락 • 갓 구운 빵 • 삼각김밥	• 탄산음료 • 맥주 • 가공식품 • 과자	*상온: 식히거나 열을 가하거나 하지 않은 실제 온도

 와, 배송 방법을 다양하게 고민하는군요. 대단해요!

 삼각김밥, 반찬, 디저트 등은 하루에도 몇 번씩 새로 입고된
물건을 진열하지 않으면 안 되니까 힘들기는 하지만,
손님들에게 신선한 식품을 제공하기 위한 거지!

직접 해보자! 탐구 도전

(정답 ▶ p107)

도전

오전 중에 실제로 편의점에 가서,
상품 진열대에 있는 상품 재고 수량을 조사해보자!

(편의점 업무에 방해가 되지 않도록 상품에는 손대지 말고,
눈으로만 대략적인 수량을 확인하자.)

조사한 시각

오전 ____ 시 ____ 분

카테고리*	상품명	수량(대략)	상품명	수량(대략)
디저트				
삼각김밥				
자유 기입				

* 카테고리: 쉽게 말해 같은 진열대에 놓인 비슷한 종류를 그룹화한 것

도전

같은 날 오후에 위 상품의 재고 수량을 다시 체크해보자!
상품 진열을 몇 시쯤 할지도 예상해보자.

조사한 시각

오후 ____ 시 ____ 분

카테고리	상품명	수량(대략)	상품명	수량(대략)
디저트				
삼각김밥				
자유 기입				

》 오전 ____ 시 ____ 분에서 오후 ____ 시 ____ 분 사이에

새롭게 진열된 상품은 _____ 이라고 생각한다.

2일째

매출 계산

> 2일째에 사용하는 연산
> (네 자리 수) × (한 자리 수) 곱셈,
> 네 자리 수의 덧셈

2일째에는 곱셈이 나와요.
덧셈도 자릿수가 늘어나지만,
침착하게 계산하면 문제없어요.
계산기를 사용해도 OK입니다.

* 포스(POS): 상점, 편의점 등에 사용하는 전자식 금전 등록기

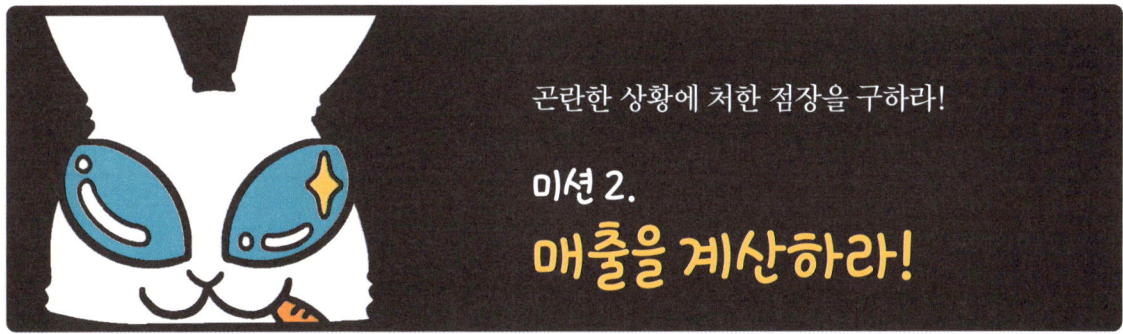

상품별 매출은 얼마일까?

우선 '매출'이 뭔지 자세히 알려줄게!

매출은 손님이 물건을 사고 지불한 금액의 합계를 말해.
예를 들어 이 컵라면A의 매출은 3000원이야.

컵라면A의 매출  ≫ 1개 1000원
3개 팔려서 3000원

이런 식으로 상품별 매출을 계산해주면 좋겠어!

예를 들어, 컵라면의 경우

매운맛 매출  ≫ 1개 1000원
3개 팔려서 3000원

순한맛 매출  ≫ 1개 1200원
2개 팔려서 2400원

곱셈으로 계산하면 될 것 같아요!

연습

 그럼 곱셈으로 다음 카레맛 컵라면 매출을 계산해봐!  그, 그러니까  전 곱셈은 아직 못 해요!

카레맛 컵라면

1개 가격   판매 수량   매출
1300 × **2** = _____ (원)

▶ 정답: 2600

우선 삼각김밥의 매출을 상품별로 계산해봐!

2일째 · 매출 계산

미션 » 상품별 매출을 구하라!

(정답 ▶ p108)

삼각김밥	1개 가격		판매 수량		매출
참치마요	1000	×	4	=	.... (원)
불고기	1200	×	5	=	.... (원)
베이컨	1200	×	8	=	.... (원)
스팸	1300	×	7	=	.... (원)
치즈닭갈비	1100	×	8	=	.... (원)

 연산 힌트: 곱셈 계산 방법은 98페이지의 <연산이네 방>을 참고하자.

계산할 때 받아올림에 주의하라고 하셨어.

카테고리별 매출은 얼마일까?

좋아! 이것으로 상품별 매출은 알겠지?
이번에는 편의점 전체 매출을 계산할 거야! 그런데 갑자기 전체 매출을 계산하려면 힘드니까, 카테고리* 별로 계산해 나가자!

* 카테고리: 쉽게 말해 같은 진열대에 놓인 비슷한 종류를 그룹화한 것

 예를 들면, 컵라면의 경우

 +  +

매운맛　　　　　순한맛　　　　　카레맛
3000원 매출　　2400원 매출　　2600원 매출

상품별 매출을 더해 카테고리의 매출을 구한다.

매출의 합계는 얼마일까?
아까 곱셈으로 구한 결과를 이번에는 더하는 거군요.

연습

 그럼, 컵라면의 매출은 얼마일까?　 그대로 더하면 되죠?　 얼마나 팔렸는지 알게 되니 재미있어요!

컵라면

매운맛　　　순한맛　　　카레맛
3000　+　2400　+　2600　=　_____ (원)

▶ 정답: 8000

아래 5가지 카테고리별 매출을 계산해봐!

미션 » 카테고리별 매출을 구하라!

(정답 ▶ p109)

삼각김밥

| 참치마요 | 불고기 | 베이컨 | 스팸 | 치즈닭갈비 | 카테고리별 매출 |

4000 + 6000 + 9600 + 9100 + 8800 = ... (원)

빵

식빵   단팥빵   롤빵   초코빵   멜론빵

10000 + 7200 + 8000 + 6600 + 3600 = ... (원)

디저트

푸딩   슈크림   젤리   찹쌀떡   조각케이크

4400 + 4800 + 4500 + 2400 + 5200 = ... (원)

음료

오렌지주스   사과주스   포도주스   콜라   사이다

8400 + 6300 + 3900 + 8400 + 3200 = ... (원)

문구

볼펜   샤프   지우개   노트   스카치테이프

5100 + 3600 + 2400 + 3300 + 1800 = ... (원)

난 계산기를 사용해서 계산해볼까?

 **2일째 오후 5시** 오늘 근무를 마치고 [매출 관리 시스템]

 오늘도 일을 많이 했다~!

 근데 새삼 편의점 포스(POS)기가 대단한 것 같아요! '삐-' 하면 금액 등이 바로 포스(POS)기에 나타나잖아요.

 '삐-' 소리를 내는 건, 상품의 바코드를 읽고 있다는 거지. 읽은 후에는 아래와 같은 과정으로 포스(POS)기에 가격이 표시되는 시스템으로 되어 있어!

포스(POS)기 → 바코드 정보 → 편의점 PC → 매출 정보 → 본사
포스(POS)기 ← 상품 가격을 포스(POS)기에 표시 ← 편의점 PC ← 상품 정보 ← 본사

 굉장해요! 이렇게 되는 거였군요! 지금은 이 '편의점 PC'가 고장이 나 버린 상황인 거고요.

 맞아. 그래서 너무 힘들어.

 저희도 뭔가 할 수 있는 게 없는지 생각해볼게요.

 정말 고마워! 마음만으로도 정말 기뻐! 그건 그렇고 '삐-' 하고 읽히는 바코드가 몇 자리 숫자 정보를 읽고 있는지 알아?

퀴즈

바코드는 몇 자리 수로 이루어져 있을까?

검은 선이 많이 있네요.
검은 선 아래에 적힌 숫자를 말하는 거지요?

정답은 13자리야. 그 숫자를 본사의 데이터베이스*에 조회하는 거지.

그렇군요.
숫자에는 데이터베이스에 조회하는 용도도 있군요!

* 데이터베이스: 다수의 데이터를 모아 검색하기 쉽게 만든 시스템

점장님, 하나 더 질문이 있어요! 오늘 계산을 많이 했는데 편의점은 하루에 매출이 얼마나 되나요?

궁금하지? 편의점에 따라 다르긴 한데….
아, 이걸 퀴즈로 풀어볼까?

퀴즈

편의점의 1일 매출은 대략 얼마나 될까?

A 약 100만 원   **B** 약 500만 원   **C** 약 1000만 원   **D** 약 2000만 원

100만 원? 1000만 원?

정답은 B! 약 500만 원이야.
오늘 너희가 계산해준 것처럼 다양한 상품들의 매출이 쌓여서 이렇게 큰 금액이 되는 거지!

직접 해보자! 탐구 도전

(정답 ▶ p110)

도전

실제로 편의점에 가서 상품 가격을 조사해보자!
카테고리별로 가장 비싼 상품을 적자!

카테고리	상품명	가격	카테고리	상품명	가격
디저트	❶		음료	❹	
삼각김밥	❷		컵라면	❺	
자유 기입	❸		자유 기입	❻	

도전

위에서 조사한 상품 중 ❶~❸의 경우, 만약 각각의 상품이 진열대에 놓여 있던 수량이 모두 다 팔린다면 매출은 얼마가 될까?
(편의점 직원들에게 불편을 끼치지 않도록 수량은 상품에는 손대지 말고 눈으로만 어림으로 파악하자.)

	1개 가격		진열된 대략적인 수량		매출
❶	....	×	....	=	....................(원)
❷	....	×	....	=	....................(원)
❸	....	×	....	=	....................(원)

3일째

이익 계산

(3일째에 사용하는 수학 연산)
네 자리 수의 뺄셈,
(네 자리 수) × (한 자리 수) 곱셈

편의점 업무에 익숙해지셨나요?
3일째에는 곱셈과 뺄셈이 섞여 있어요.

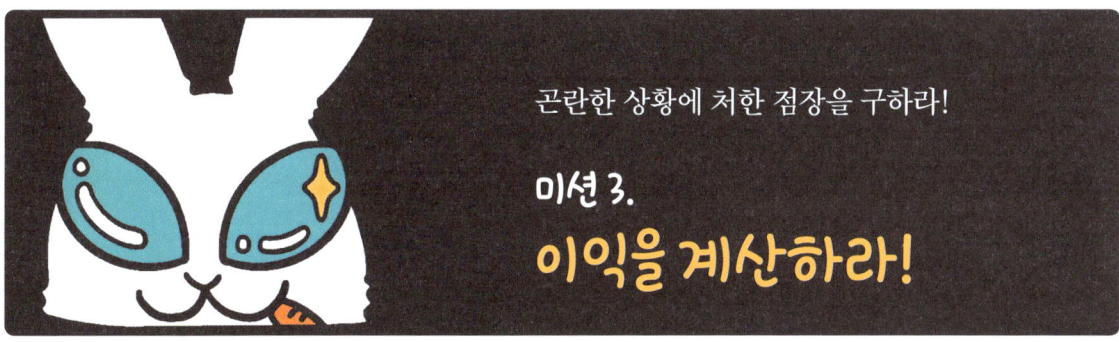

상품 1개당 이익은?

이익이라고요?

우선 상품별 '이익'을 설명해줄게.
'이익'이란 팔 때의 상품 가격에서 그 상품을 구매한 가격을 뺀 금액을 말하는 거야.

상품 판매가 - 상품 구매가 = 상품 이익

구매가는 상품을 구매했을 때의 가격이군요.

이익이 잘 날 수 있도록 상품 가격을 정하고 있어.
 예를 들어 컵라면 매운맛의 경우

판매가 1000원 ≫ 구매가 700원 ≫ 이익 300원

 -  =

그렇겠네요. 구매가보다 비싸게 팔아야겠죠.

연습

 그럼, 이익을 계산해보자!    뺄셈을 하면 되죠? 간단하네요!

딸기맛 사탕

| 판매가 | | 구매가 | | 이익 |
| 800 | - | 500 | = | _____ (원) |

▶ 정답: 300

이런 식으로, 이익을 구해보자고!

오빠, 점장님한테 데이터 받아왔어!

미션 » 상품 1개당 이익을 구하라!

(정답 ▶ p111)

삼각김밥
(불고기)

판매가   구매가   이익

1200 − 700 = _____ (원)

초코빵

판매가   구매가

1100 − 700 = _____ (원)

슈크림

판매가   구매가

1200 − 800 = _____ (원)

오렌지 주스

판매가   구매가

1400 − 800 = _____ (원)

볼펜

판매가   구매가

1700 − 900 = _____ (원)

이익은 상품마다 다르구나.

3일째 · 이익 계산

이익을 자세히 살펴보자!

 열심히 배울게요!

이익이 무슨 뜻인지 알았으니, 이번엔 응용해볼까?

상품을 너무 많이 구매하면 이익을 내지 못한다고 전에 말했듯이, **이익을 잘 내기 위해서는 구매 수량에도 주의해야 해.**

   <

➡ 4개를 팔았지만, 재고가 아직 많다면?
그러면 돈을 벌기 어렵지!

이익은 다음과 같이 구하는 거야!

컵라면 매운맛의 경우

판매가 1000원 ▶ 3개 팔렸다   구매가 700원 ▶ 4개 구매했다

⇩

매출 3000원 - 구매비용 2800원 = 이익 200원

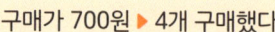

연습

 사탕으로 연습해보자.   4개를 샀는데, 3개가 팔렸네요.
음, 곱셈 먼저 계산해볼게요.

딸기맛 사탕

　　　　　매출　　　　　구매 비용　　　　　이익

800 × 3 - 500 × 4 = _____ (원)

▶ 정답: 400

이익이 뭔지 알겠어요!
생각했던 것보다 이익이 적네요!

자, 그럼 구매한 수량에 주의하면서
상품별 이익을 계산해보자!

미션 » 이익을 구하라!

(정답 ▶ p112)

매출   구매 비용   이익

삼각김밥
(불고기)

▼판매가 ▼수량 ▼구매가 ▼수량
$1200 \times 5 - 700 \times 5 =$ _____ (원)

초코빵

▼판매가 ▼수량 ▼구매가 ▼수량
$1100 \times 6 - 700 \times 7 =$ _____ (원)

슈크림

▼판매가 ▼수량 ▼구매가 ▼수량
$1200 \times 4 - 800 \times 6 =$ _____ (원)

오렌지 주스

▼판매가 ▼수량 ▼구매가 ▼수량
$1400 \times 6 - 800 \times 9 =$ _____ (원)

볼펜

▼판매가 ▼수량 ▼구매가 ▼수량
$1700 \times 3 - 900 \times 5 =$ _____ (원)

구매 비용이 비싸면 이익이 안 나는 경우도 있겠네요.

 **3일째 오후 5시 오늘 근무를 마치고 [비용에 대해 알아보자]**

 상품에 따라 이익이 다른 게 재미있었어요!

 이익에 대해서 고깃집을 하는 친구에게 물어봤는데 자기 가게에서는 아래의 식으로 구한 '이익률'이 가장 큰 상품이 음료수라고 하네! 이익률이 클수록 그 상품은 이익이 잘 나는 상품이라고 할 수 있지.

이익률(%) = 이익 ÷ 판매가 × 100

* %는 '퍼센트'라고 읽습니다.

 편의점에서 이익률이 큰 상품은 무엇인가요?

글쎄~ 우리 편의점의 경우를 예로 들자면 계산대 근처 원두커피가 이익률이 큰 편이지.

 **퀴즈** 편의점의 1000원짜리 커피의 구매 가격은 대략 얼마일까?

A 400원 **B** 300원 **C** 200원 **D** 100원

 잘 모르겠지만, D 100원!?

정답은 A! 400원이야. 커피의 원두 가격은 더 싸지만, 컵 등을 넣으면 400원 정도 하지. 이익은 600원이고, 이익률은 60%나 돼서 꽤 크지!

'이익'이란 게 재미있네요! 그리고 또 상품을 너무 많이 사들여도 안 된다는 게 재미있었어요!

맞아! 비용을 조절하는 것도 경영에서는 매우 중요하지!

점장님! 이익을 계산했을 때 "실제로 드는 비용은 상품 구매 가격만이 아니야"라고 하셨는데 그건 무슨 뜻이에요?

아, 그렇지! 잘 기억하고 있었네. 자, 여기서 문제를 하나 더 풀어보자!

퀴즈

상품 구매 이외에 편의점에서 드는 비용은?

A 월세
가게 자리를 빌리는 데 드는 돈

B 전기세
가게 조명이나 냉장 등에 사용되는 전기세 등

C 인건비
아르바이트 등 일하는 사람들의 급여 등

뭔가 다 필요할 것 같은데요.

내가 너무 헷갈리게 문제를 냈네. 정답은 전부야!

전부 다요!?

월세와 전기세는 대략 얼마라고 정해져 있지만, 인건비의 경우는 어떻게 잘 관리하느냐가 점장의 능력이지!

직접 해보자! **탐구 도전**

(정답 ▶ p113)

도전

좋아하는 상품의 이익률을 예상해보자!
(인터넷으로 검색해서 실제 이익률을 알게 되면 그것도 적어 놓자.)

이익 = 판매가 - 구매가

이익률(%) = 이익 ÷ 판매가 × 100

상품	판매가	예상 구매가	예상 이익	예상 이익률		실제 이익률
					▶	
					▶	

 연산 힌트: 비율 계산은 99페이지의 <연산이네 방>을 참고하자!

도전

다양한 아르바이트의 시급(1시간 일하고 지급되는 금액)을 알아보자!
인터넷이나 길거리 구인 광고 등을 통해 실제 시급을 알아보자!

조사한 일	업무 내용	업무 시간대	시급
편의점 점원	고객 응대·상품 진열·청소·판매 준비	심야 시간	
자유 기입			
자유 기입			

4일째

구매 계획

> **4일째에 사용하는 수학 연산**
> 네 자리 수의 뺄셈,
> (네 자리 수) × (한 자리 수 또는 두 자리 수) 곱셈

> 즐겁게 연산을 활용하고 있나요?
> 4일째는 조금 복잡해 보이겠지만,
> 하나하나는 사실 3일째까지와 마찬가지니
> 차분하게 풀어보세요.

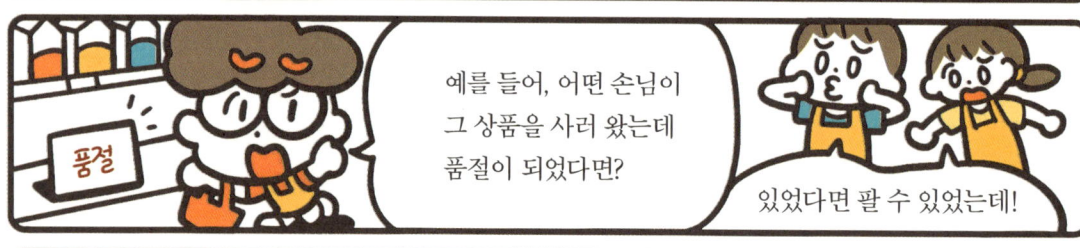

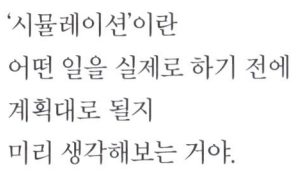

곤란한 상황에 처한 점장을 구하라!

미션 4.
구매 계획을 세워라!

 ## 이익이 나는 건 몇 개부터일까?

 오늘 나는 '컵수박'을 13개 구매했어.

 제가 어제 구매한 수량을 조사했는데, '컵수박'은 5개였어요.

 잘 기억하고 있네. 맞아, 일기예보에 따르면 오늘 기온이 어제보다 꽤 높아지니까, 시원한 '컵수박'이 잘 팔릴 걸로 생각해 많이 주문한 거야.

 구매가 너무 많으면 이익이 날지 걱정이 되네요.

 맞아, 걱정이 되지. 그러니까 **몇 개가 팔리면 이익이 날지** 함께 생각해보자!

연습

 일단 롤빵으로 시뮬레이션을 해보자!
판매 가격이 1000원, 구매 가격이 500원인 롤빵을 3개 구매한 경우를 생각해보자!
몇 개가 팔리면 이익이 날까?

롤빵

구매 가격	구매 수량	구매 비용
500원	3개	1500원

판매 가격	판매 수량	매출		이익이 날까? (○로 표시하자)
1000원	1개	1000원	▶	난다 · 나지 않는다
	2개	2000원	▶	난다 · 나지 않는다
	3개	3000원	▶	난다 · 나지 않는다

 음, 매출이 구매 비용 1500원을 넘으면 되는 거니까…

▶ 정답: 2개, 3개가 팔릴 때 이익이 난다.

 역시!

그럼 '컵수박'을 13개 구매했을 경우,
몇 개가 팔리면 이익이 나는지 계산해보자.

미션 » 구매 계획을 시뮬레이션하라!

(정답 ▶ p114)

Q 구매 비용은 얼마일까?

컵수박

구매 가격	구매 수량	구매 비용
700원	13개	원

Q 매출을 수량별로 구해서 아래 표에 적어보자! 이익이 나는 건 몇 개부터일까?

컵수박

판매 가격	판매 수량	매출		이익이 날까? (O로 표시하자)
1200원	1개	원	▶	난다 · 나지 않는다
	2개	원	▶	난다 · 나지 않는다
	3개	원	▶	난다 · 나지 않는다
	4개	원	▶	난다 · 나지 않는다
	5개	원	▶	난다 · 나지 않는다
	6개	원	▶	난다 · 나지 않는다
	7개	원	▶	난다 · 나지 않는다
	8개	원	▶	난다 · 나지 않는다
	9개	원	▶	난다 · 나지 않는다
	10개	원	▶	난다 · 나지 않는다
	11개	원	▶	난다 · 나지 않는다
	12개	원	▶	난다 · 나지 않는다
	13개	원	▶	난다 · 나지 않는다

일단 매출을 곱셈으로 구하면 되겠네.

4일째 오전 10시 — 구매 계획은 어느 쪽이 좋을까?

 점장님, 컵수박 13개는 너무 많지 않나요?

 그런가? 너무 많이 샀나?
둘은 몇 개 정도 구매하면 좋을 것 같아?

 8개 정도면 어떨까요?

 그럼 내가 말한 **구매 계획 13개**와 두 사람이 말한 **구매 계획 8개**로 시뮬레이션을 해볼까?

연습

 그전에 우선 롤빵으로 시뮬레이션을 해보자!
구매 계획의 수량을 하나는 많게, 하나는 적게 해서 판매 수량과 이익의 관계를 알아보자!
3개 팔릴 때는 어느 쪽이 이익이 많을까? 5개일 때는?

롤빵

구매 가격	▼ 구매 계획-많음		▼ 구매 계획-적음	
	구매 수량	구매 비용	구매 수량	구매 비용
500원	5개	2500원	3개	1500원

판매 가격	판매 수량	매출	구매 계획-많음		구매 계획-적음	
			이익은 얼마?	수는 충분한가?	이익은 얼마?	수는 충분한가?
1000원	1개	1000원	이익 없음	충분	이익 없음	충분
	2개	2000원	이익 없음	충분	500원	충분
	3개	3000원	**500원**	충분	**1500원**	충분
	4개	4000원	1500원	충분	1500원	부족
	5개	5000원	**2500원**	충분	**1500원**	부족

이익으로 비교하면…

판매할 상품이 다 떨어졌을 경우 마지막 '충분'했을 때의 이익을 적자!

▶ 정답: 만약 3개가 팔릴 경우는 '구매 계획-적음'쪽이 더 이익이 나고, 5개가 팔릴 경우는 '구매 계획-많음'쪽이 더 이익이 난다.

미션 » 구매 계획을 시뮬레이션하라!

(정답 ▶ p115)

Q 남매가 주장하는 8개의 구매 비용은 얼마일까?

컵수박

구매 가격	▼구매 계획-많음		▼구매 계획-적음	
	구매 수량	구매 비용	구매 수량	구매 비용
700원	13개	9100원	8개	원

Q 점장과 남매의 구매 계획에 대한 이익을 계산하여 표로 만들어보자.
(이익이 나지 않을 때는 '없음'이라고 적자.)

판매 가격	판매 수량	매출	구매 계획-많음		구매 계획-적음	
			이익은 얼마?	수는 충분한가?	이익은 얼마?	수는 충분한가?
1200원	1개	1200원		충분		충분
	2개	2400원		충분		충분
	3개	3600원		충분		충분
	4개	4800원		충분		충분
	5개	6000원		충분		충분
	6개	7200원		충분		충분
	7개	8400원		충분		충분
	8개	9600원		충분		충분
	9개	10800원		충분		부족
	10개	12000원		충분		부족
	11개	13200원		충분		부족
	12개	14400원		충분		부족
	13개	15600원		충분		부족

Q 표의 결과를 글로 정리해보자.

구매 계획을 많이 했을 때 이익이 더 나는 것은 판매 수량이 ……개~……개일 때이고,
구매 계획을 많이 했을 때 이익이 적을 때는 판매 수량이 ……개~……개일 때이다.

> 표를 잘 보고 생각해야겠네.

  # 다 팔리지 않으면 어떻게 하지?

 시뮬레이션을 해보니, 여러 가지를 알 수 있어서 좋네요!

그렇지? 오늘은 내 계획대로 13개를 샀으니까, 적어도 8개는 팔려야 이익이 날 텐데.

 오후 3시 **시뮬레이션을 하고 4시간 후**

10개 팔렸다!

 저희의 계획대로 구매했다면 부족할 뻔했네요! 역시 점장님이네요!

하지만 아직 3개가 남아 있잖아. 이쯤에서 할인 판매를 해보자. **300원 할인이랑 반값 할인 중 어느 쪽이 좋을까?**

 아, 여기서도 시뮬레이션을 활용하나요?

연습

 응, 맞아. 또다시 롤빵으로 시뮬레이션을 해보자! 롤빵 5개를 구매해서, 3개가 팔리면 이익이 500원이라고 하자. **300원 할인해서 1개가 더 팔려 4개가 팔렸을 경우와 반값에 나머지 2개가 다 팔려 5개가 팔렸을 경우 어느 쪽 이익이 더 클까?**

		▼ 300원 할인	▼ 반값 할인
	판매 수량	300원 할인해서 700원에 판매했을 때의 이익	반값 할인해서 500원에 판매했을 때의 이익
롤빵 판매 가격 1000원	3개 (정상 판매 완료)	500원	500원
	4개	**1200원**	1000원
	5개	1900원	**1500원**

더 판매된 매출만큼 더한 금액이 이익이 된다.

 아~, 그럼 700원에 하나 더 판매되었을 때와 500원으로 2개 다 판매되었을 때를 비교하면 되니까….

포인트 파악이 빠르네!

▶ 정답: 반값으로 남은 2개를 전부 팔았을 경우

미션 » 가격 할인의 차이를 시뮬레이션하라!

정답 ▶ p116

Q 10개까지 정상 판매가 완료되었고, 그때 이익은 2900원이다.
나머지 3개를 300원 할인해서 팔 경우와 반값에 팔 경우의 이익을 계산하자!

컵수박
판매 가격
1200원

판매 수량	▼ 300원 할인 300원 할인해서 900원에 판매했을 때의 이익	▼ 반값 할인 반값 할인해서 600원에 판매했을 때의 이익
10개 (정상 판매 완료)	2900원	2900원
11개	원	원
12개	원	원
13개	원	원

점장 체크

자, 이 시뮬레이션을 보니 어느 쪽으로 할인을 해야 할까?

전부 다 팔려면 반값이 좋을 것 같아요.

 오후 5시 **반값 할인 스티커를 붙이고 2시간 후**

앗싸! 신난다! 다 팔렸어!

반값이 정답이었네요! 그런데, 300원 할인해 다 팔린다면 300원 할인하는 게 나았을지도 모르겠네요.

전부 팔기 위해서 싸게 판 게 맞았다고 생각해!
결과는 해봐야 알겠지만, 시뮬레이션을 하게 되면 선택의 순간에 어느 쪽을 택할지 판단에 자신이 생기지.

4일째 · 구매 계획

 ## 4일째 오후 5시 오늘 근무를 마치고 [완판*에 대한 아이디어]

*완판: 물건을 하나도 남김없이 모두 다 파는 것

 오늘은 할인 판매로 '컵수박'을 전부 팔았는데, 그 밖에 전부 판매할 수 있는 좋은 방법이 있을까?

 '손님 눈에 잘 띄는 곳에 두기'요!

 '컵수박을 손님에게 권하기'요!

 둘 다 좋은 아이디어야!
또는 할인 스티커 말고 이런 홍보물을 만들어 홍보하는 방법도 있어.

 아침에 점장님이 만들고 계셨던 게 이거였구나!

퀴즈

점장이 만든 것과 같은 홍보물을 뭐라고 할까?

A POP　　　**B** PUB　　　**C** PEP　　　**D** PAP

 아, 이거 들어봤어요! A의 POP 아닌가요?

 그래, 정답이야!
POP*는 가게에서 신상품이나 인기 상품을 알리거나 추천할 때 효과적이야.

* POP(피오피): 상품이 최종적으로 구매되는 장소나 그 주위에서 이루어지는 일체의 광고

이야기가 좀 다른 데로 흘렀지만, 할인 판매로 전부 다 팔 수 있어서 남은 상품을 버리지 않고 해결했네!

그렇군요, 만약 상품이 팔리지 않고 남으면 어떻게 해야 하나 걱정했거든요. 역시 버리는구나.

그래서 버리지 않고 해결되도록, 여러 가지를 생각해야 해. 그런데 유통기한이 무슨 뜻인지 알아?

퀴즈

'유통기한'의 의미는 다음 중 무엇일까?

A 식품 등에 표시된 보관 방법을 지킬 경우 섭취해도 안전에 이상이 없는 기한

B 식품의 제조일로부터 소비자에게 유통 및 판매가 허용되는 기한

음… 왠지 B일 것 같아요.

맞았어! A는 '소비기한'에 대한 설명이야.

유통기한

유통기한은 음식이 만들어지고 나서 유통될 수 있는 기간을 뜻하며, 식품의 신선도를 나타내기도 한다. 유통기한을 넘긴 식품은 부패되거나 변질되지 않았더라도 판매를 할 수 없기 때문에 반품된다.

소비기한

소비기한은 해당 상품을 먹어도 소비자의 건강이나 안전에 이상이 없을 것으로 인정되는 최종 시한을 말한다. 소비기한은 보통 유통기한보다 길고, 이 소비기한이 지나면 상품의 부패나 변질이 시작될 가능성이 높다.

아, 그렇군요!

직접 해보자! 탐구 도전

정답 ▶ p117

도전

밖에 나가서 POP를 찾아보자! 편의점 말고 다른 가게에도 있으니 서점, 마트 등에 가보자.

어디서 봤어?	어떤 상품을 홍보하고 있어?	어떤 디자인이야? 표현 방식은?
편의점		
자유 기입		
자유 기입		

POP는 '피오피'라고 읽어. Point of Purchase의 약자로, 해석하면 '구입 시점'이라는 뜻이야. 상품을 판매하고 있는 그 장소에서 사달라고 홍보하는 광고 방법을 말하는 거지.

도전

음식을 버리지 않는, 각자 가능한 아이디어를 생각해보자!
집에서, 가게에서, 학교에서 할 수 있는 일은 없을까?

할 수 있는 것은 O로 표시하자	그 밖의 아이디어를 써보자
• 먹을 만큼 요리한다. • 남기지 않고 먹는다. • 바로 먹을 식료품을 살 때는 유통기한이 가까운 것부터 산다. • 너무 많이 사지 않는다. • 냉동 등 보존 방법을 궁리한다.	

5일째

판매 분석

5일째에 사용하는 수학 연산
막대그래프 · 꺾은선그래프 · 원그래프,
평균 계산

5일째는 연산이 아닌
그래프를 다룹니다.

 그래프를 보는 법·읽는 방식은 100페이지의 <연산이네 방>을 참고하자!

어떤 상품이 가장 잘 팔릴까?

일단 어떤 상품이 잘 나가는지 보자!
그저께랑 어제는 더웠는데 어떤 게 잘 팔렸을까?

아이스크림이나 주스 같은 차가운 것들이요!

그렇지! 그 이외에 젤리, 커피, 롤빵도 추가해서
그저께와 어제의 매출을 막대그래프로 비교해보자!

연습

우선, 그저께부터 분석해보자. 이 다섯 가지 중에서 **제일 많이 팔린 건 무엇이지?**
그리고 **각각은 몇 개가 팔렸지?**

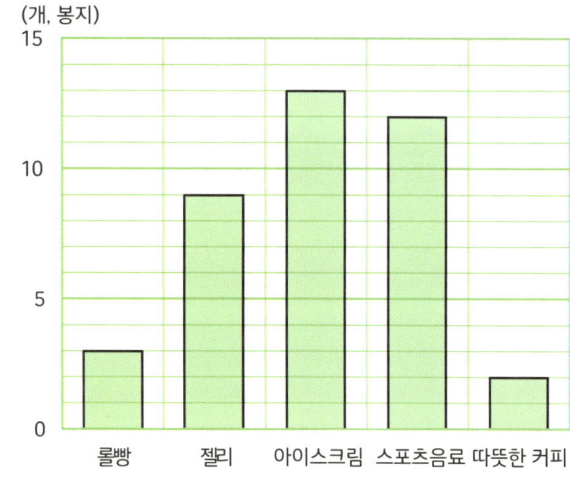

그저께(기온 30℃)의 판매 수량

막대가 가장 높은 것은 아이스크림
이네요. 판매 수량은 눈금 읽으면…

그래 그래! 의외로 간단하지?
어제의 그래프도 지금처럼 분석한
다음, 두 그래프를 비교해보자!

▶ 정답: 가장 많이 팔린 상품_아이스크림
판매 수량_롤빵 3개, 젤리 9봉지, 아이스크림 13개, 스포츠음료 12개, 따뜻한 커피 2개

미션 » 판매 수량을 분석하라!

정답 ▶p118

 Q 어제 가장 많이 팔린 상품은 무엇이지? 그리고 각각은 몇 개가 팔렸지?

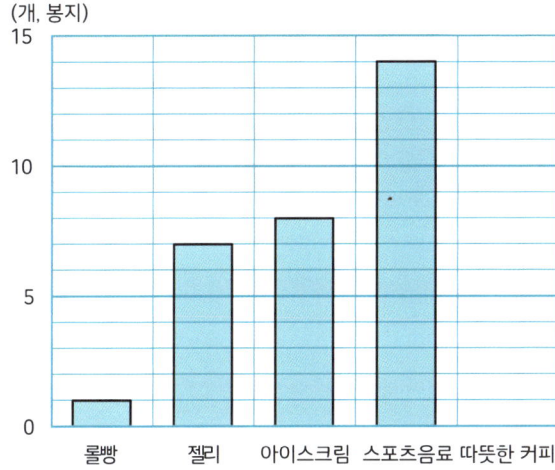

어제(기온 35℃)의 판매 수량

가장 많이 팔린 상품은?

....

팔린 수량은?

롤빵	....	개
젤리	....	봉지
아이스크림	....	개
스포츠음료	....	개
따뜻한 커피	....	개

점장 체크

그저께와 어제를 비교했더니 뭘 알게 되었지?

 기온이 30℃ 정도일 땐 아이스크림이 잘 팔렸는데, 35℃ 정도가 되니 스포츠음료가 잘 팔렸어요. 반면 뜨거운 커피는 그저께와 어제 모두 별로 팔리지 않았어요.

 먹기 편한 것도 중요한 듯해요! 텁텁한 롤빵은 팔리지 않고, 젤리는 그저께도 어제도 그럭저럭 팔렸어요!

미니 탐구 도전 두 그래프를 비교한 후 여러분의 생각을 적어보자.

....

 **5일째** 오전 11시 — 시간대별로 판매 흐름은 어떻게 달라질까?

 다음은 **시간대별 판매 수량**을 분석해보자! 팔리는 시간대에 대해 뭔가 깨달은 거 있어?

 저는 계산대에서 계산을 도왔는데 **점심 시간에는 역시 도시락이 잘 나가더라고요!**

 세미가 정말 잘 파악했네! 대단해! 실제로 얼마나 팔렸는지 꺾은선그래프로 확인해보자!

 **연습**

일단 디저트부터 보자! 다음은 슈크림의 판매 수량을 나타낸 꺾은선그래프야. **제일 잘 팔리는 시간은 몇 시쯤일까?**

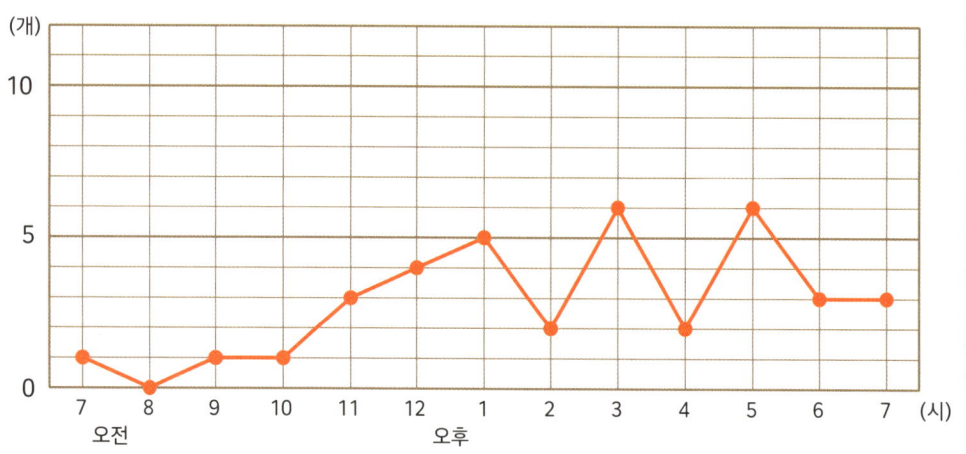

슈크림의 판매 수량 변화

 어? 제일 많이 팔린 시간을 보니 2곳이 있네요.

▶ 정답: 오후 3시와 오후 5시

 디저트가 그 시간대에 잘 팔리는 이유는 뭘까? 다음 페이지의 빵, 도시락, 치킨 상품과 함께 손님의 행동이나 마음을 상상해 생각해보자!

 **미션 》 시간대별 판매 수량을 분석하라!**

정답 ▶ p119

Q 상품이 가장 잘 팔리는 건 각각 몇 시쯤인가?

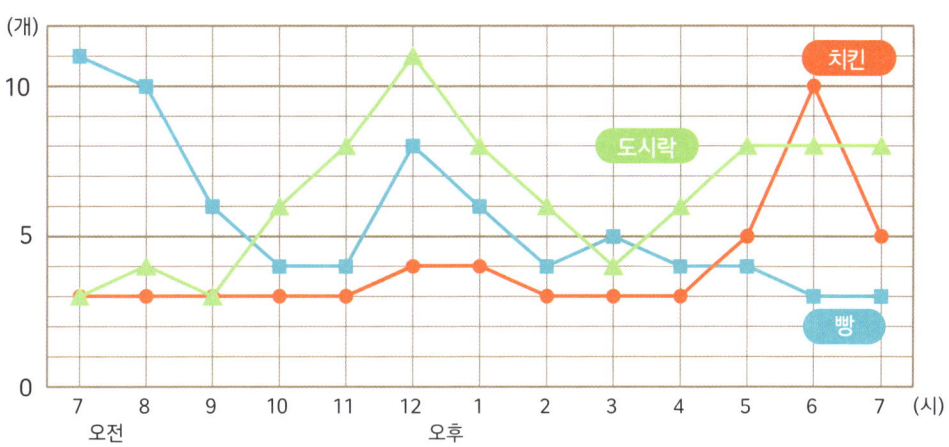

빵 · 도시락 · 치킨의 판매 수량 변화

 빵 .... 도시락 .... 치킨 ....

점장 체크

연습과 미션의 그래프를 보고 손님의 행동이나 마음을 상상했을 때 어떤 생각이 떠올랐는지 이야기해줄래?

 슈크림은 간식이나 식후 디저트로 사지 않았을까요? 치킨은 저녁 식사 대신인 듯해요!

 아침에는 먹기 편한 빵을, 점심에는 도시락을 사는 것 같아요.

미니 탐구 도전 2개의 그래프를 보고, 여러분이 생각한 것을 적어보자.

....

어떤 손님이 많을까?

 손님의 마음을 생각해본 김에, 이번에는 **어떤 손님들이 편의점에 오는지** 분석해보자!

 음… 아침에 오신 손님은 ○○한 분이나 △△한 분이셨는데.

 세미는 기억력이 대단하네! 하지만 기억하지 못해도 괜찮아! 사실 계산할 때 손님의 성별이나 대략적인 나이 등의 데이터를 입력하고 있거든.

 아, 진짜요?

연습

 다음 원그래프를 봐봐! **아침 7~8시는 남성과 여성 중에 어느 쪽이 더 많아? 또 가장 많은 연령층은 어디야?**

아침 7~8시 방문 손님

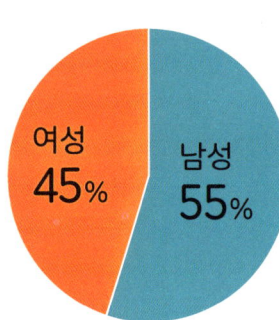

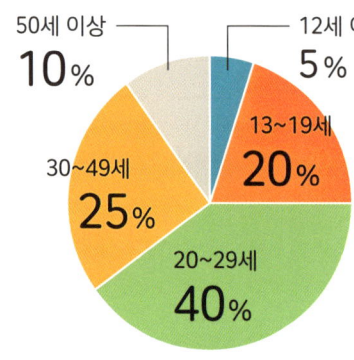

원그래프는 손님 전체의 인원을 원으로 표시하고, 각 부분의 인원수 비율에 따라 반지름으로 구분하여 나타낸 것입니다.

 음, 남성분들이 조금 더 많네요. 연령층은 몇 %인가를 비교하면…

▶ 정답: 남성이 많다. 20~29세가 가장 많다.

 그래프를 분석했다면, 그다음은 그래프의 결과에서 손님들의 행동이나 마음을 상상해보자. 그 전에 저녁 시간대도 살펴보자.

미션 》 저녁 방문 손님들의 데이터를 분석하라!

정답 ▶ p120

Q 저녁 5~6시는 남성과 여성 중 누가 더 많은가?
가장 많은 연령층은 어디인가?

저녁 5시~6시 방문 손님

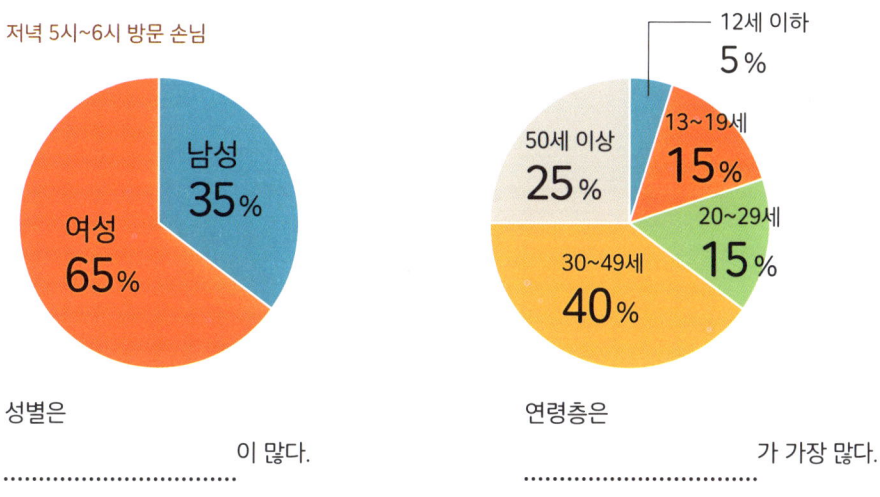

남성 35%
여성 65%

12세 이하 5%
13~19세 15%
20~29세 15%
30~49세 40%
50세 이상 25%

성별은 .... 이 많다.

연령층은 .... 가 가장 많다.

점장 체크

아침과 저녁에 오는 손님들을 비교해 봤을 때 무슨 생각이 들었어?

아침에는 젊은 사람들이 많아요! 확실히 형이나 누나들이 많았던 것 같아요. 급하게 학교나 회사에 가는 느낌이었어요.

저녁 시간대를 떠올리면 저희 엄마 또래의 여성이 많았던 것 같아요. 그래프를 보고 '역시 맞았네!' 하고 생각했어요.

미니 탐구 도전 아침과 저녁에 오는 손님들을 비교해 여러분이 생각한 것을 적어보자.

....

얼마 정도 돈을 쓸까?

아침에 오는 20~29세 손님과 저녁에 오는 30~49세 손님은 **어떤 상품을 얼마 정도 사는지** 자세히 살펴보자!

그것도 데이터로 남아 있나요?

맞아! 계산대에서 상품 바코드를 찍으면 상품 정보는 입력되니까, 판매된 상품과 손님의 대략적인 나이 등의 데이터가 연결되어 남아 있지.

대박!

연습

다음 표는 아침에 방문한 20~29세 손님 6명이 사용한 금액과 구매한 상품을 보여주고 있어. **이 6명이 사용한 금액의 평균은 얼마일까?**

아침 20~29세 손님

손님	A	B	C	D	E	F
사용한 금액	2400원	2800원	4200원	3000원	4000원	2800원
구매한 상품	주스 롤빵	차 삼각김밥 (베이컨)	계란 샌드위치 과자 아이스티	카페라떼 단팥빵	과자 주스 초코빵	우유 멜론빵

| 계산 메모 | 6명이 사용한 금액의 합계는 2400+2800+4200+3000+4000+2800=19200(원)
6명이 사용한 금액의 평균은 19200÷6=3200(원)

사용한 금액의 평균은 6명이 사용한 금액의 합계를 구한 다음, 그것을 인원수만큼 6으로 나누어 구하는군요!

▶ 정답: 3200원

오! 대단한데! 이런 식으로 저녁 손님들이 쓴 금액의 평균도 계산해봐!

# 미션 » 사용 금액의 평균을 구하라!

정답 ▶ p121

Q 다음 표는 저녁에 방문한 30~49세 여성 손님 중 6명을 뽑아 사용한 금액과 구매한 상품을 나타낸 거야. 이 6명이 쓴 금액의 평균은 얼마일까?

저녁 30~49세 여성 손님   사용한 금액의 평균은 .... 원

손님	A	B	C	D	E	F
사용한 금액	12000원	12000원	7000원	18000원	14000원	15000원
구매한 상품	감자샐러드 치킨 세제 아이스크림×2	햄버거×2 낫또 냉동볶음밥 우유	야채 샐러드 푸딩×3	티슈 메추리알 조림 우유 아이스크림×4 고로케×4	도시락×2 주스×2 치킨	샴푸 보쌈 김치 젤리×4

| 계산 메모 |

 연산 힌트: 평균을 구하는 방법은 101페이지의 <연산이네 방>을 참고하자!

점장 체크

 사용 금액 평균은 저녁이 10000원 정도 더 많네! 그럼 구매한 상품을 보고 떠오른 게 없을까?

 아침은 각자를 위한 아침·점심 식사를 사는 듯하고, 저녁에는 가족을 위해 사는 느낌이 들어요.

 그리고 아침에도 저녁에도 과자, 아이스크림, 푸딩처럼 단 걸 사는 사람이 몇 명씩은 있어요!

| 미니 탐구 도전 | 아침, 저녁으로 각각의 손님이 산 상품을 나타낸 표나 금액의 평균을 보고 여러분이 생각한 것을 적어보자.

 ## 오늘 근무를 마치고 [분석의 연속]

두 사람이 도와준 덕분에 데이터 분석을 할 수 있었어!
이걸로 본사에 보고도 할 수 있게 되었고!

날씨가 더우면 아이스크림이나 스포츠음료가 잘 팔리는 게 재미있었어요!

날씨 등으로 매출이 바뀌는 게 재미있지?
이와 관련해서 '8월 여름 휴가 기간 매출 데이터'를 본사에서 받았는데, 어떤 상품이 가장 잘 팔렸을 것 같아?

퀴즈
8월 여름 휴가 기간에 가장 잘 팔린 것은?

A 얼음   **B** 아이스크림   **C** 보리차   **D** 스포츠음료

어, 8월이면 아이스크림 같은데 일부러 퀴즈로 한다는 건 혹시 A?

맞아, 말한 그대로야. 정답은 A 얼음이야!

아이스크림이 제일 많이 팔렸을 걸로 생각했는데!

여름 휴가 기간에는 가족들이 다 모이니까 대용량 음료수를 사서 거기에 얼음을 넣어 사용하는 경우가 많은 건지도 모르지!

그리고 본사에서 우리 편의점 근처 가게 데이터도 받았어. 그 데이터를 자세히 보면, 같은 프랜차이즈라도 어떤 장소에 있는지에 따라 오는 손님이 많이 달라. 아래 지도를 봐봐! 우리 편의점은 ★로 표시했어. A B C로 표시된 편의점에는 어떤 손님들이 올까?

아, B 편의점에 가본 적이 있어요! 에이스 체육공원에서 실컷 놀고 난 후 친구들과 함께 갔었어요!

실제로 데이터를 보면 B 편의점이 우리 편의점보다 12세 이하 손님이 많았어!

A 편의점은 오피스 빌딩 단지라 회사에 다니는 사람들이 많이 오겠네요! 점심을 사려고요! C 편의점은 쇼핑몰에서 쇼핑하면서 들르는 사람이 많겠고요!

적절한 예측이야! A 편의점 데이터는 20~49세의 손님이 많고, 점심 매출이 높았어! C 편의점 데이터는, 쇼핑하는 김에 들르는 건지 아닌지까지는 알 수는 없지만 여성 손님이 많았어.

직접 해보자! 탐구 도전

(정답 ▶ p122)

도전

계절별로 특히 잘 팔릴 것 같은 상품을 생각해보자!
편의점뿐만 아니라 다양한 가게를 떠올려 상품을 적어보자.

계절	계절별로 잘 팔릴 것 같은 상품 (의식주·놀이·계절별 관련 상품 등 무엇이든 OK)
봄	
여름	
가을	
겨울	

도전

여러분 동네에는 편의점이 어떤 곳에 있는지 적어보자. 실제로 가보고 어떤 손님이 많은지 관찰하자. 장소와 손님은 어떤 관계가 있을까?

편의점 점포명	장소가 어디야? (편의점 근처에는 뭐가 있어?)	어떤 손님이 많아? (관찰했더니 어땠어?)

6일째

편의점 경영

6일째에는 수학 연산을 사용하지 않고, 편의점 경영에 대해 배웁니다.

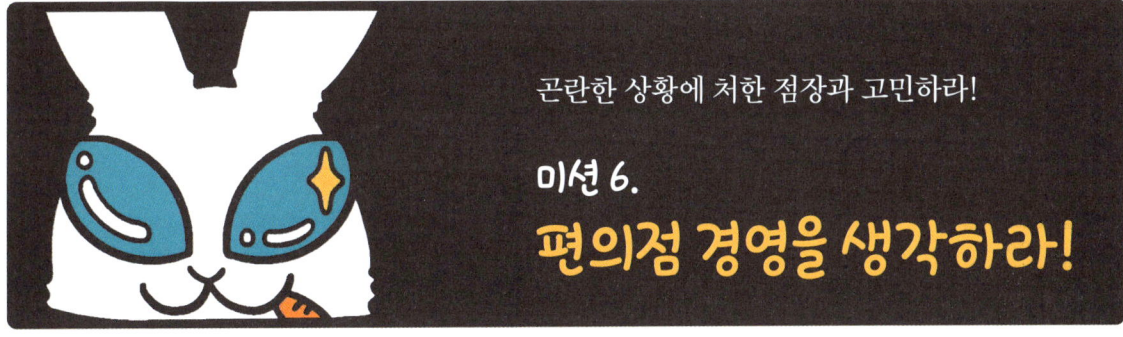

6일째 오전 10시 — 어떻게 하면 지원하고 싶어질까?

점장 체크

먼저 **아르바이트 모집 광고**에 대해 생각해줬으면 좋겠어! 지금은 이런 내용인데 어떨까?

뭔가 글자만 있으니 딱딱하고 밋밋해요!
아! 점장님 사진을 올려서 부드러운 느낌을 주면 어떨까요?

하긴, 어떤 사람이 점장인지 궁금할지도 모르지! 쑥스럽기는 한데 올려볼까?

말풍선을 달아 점장님 말도 넣으면 좋을 것 같아요! 상냥한 말투로요!

○○편의점 신시가지 3차점
아르바이트 모집!

시간	아침 8시~저녁 8시 중 원하는 시간 (최소 5시간 이상·휴식 시간 있음)
업무 내용	고객 응대, 계산대 업무, 상품 진열, 청소 등
시급	10000원

친절하게 업무 알려드릴게요. 편하게 연락주세요.

연락처: ○○-○○○○-○○○○ 담당자: 점장

이 정도면 어때?

너무 좋아요.

지원자가 있으면 좋겠네요!

직접 해보자! 탐구 도전

(정답 ▶ p123)

도전

거리에서든 인터넷에서든 구인 광고를 2개 찾아보고, 그 내용을 적어보자!

	구인 광고 A	구인 광고 B
어떤 구인이지?		
시간		
업무 내용 / 요구하는 능력		
시급·급여		
구인 광고에서 그 일의 장점을 어떻게 전달하고 있는가?		
지원 방법		

여러분이라면 어느 쪽의 일을 해보고 싶은가? 그 이유는?

6일째 · 편의점 경영

 # 우리 가게만의 '색깔'을 만들려면?

 두 번째는 **매출 감소에 대한 대책**이야!
우선, 우리 편의점이랑 주변 가게들의 상황을 정리해봤어!

다른데요! 경쟁 편의점은 가격이 비싼 식품도 많이 팔고 있네요!

● 신시가지 3차 아파트단지 · 파크시티맨션 주민이 본 특징

가게	장점 · 특징
★ 우리 편의점	• 가깝고 편리함 • 상품 가격이 적절함 • 친숙한 분위기
○ 경쟁 편의점	• 가깝고 편리함 • 고급 식품도 있음, 가격은 비싼 편임 • 택배 서비스 개시 • 매장 분위기가 세련됨
▲ 마트	• 가격이 싼 편임 • 상품 구성이 다양함 • 타임 세일이 매일 있음 • 매장이 활기찬 분위기임

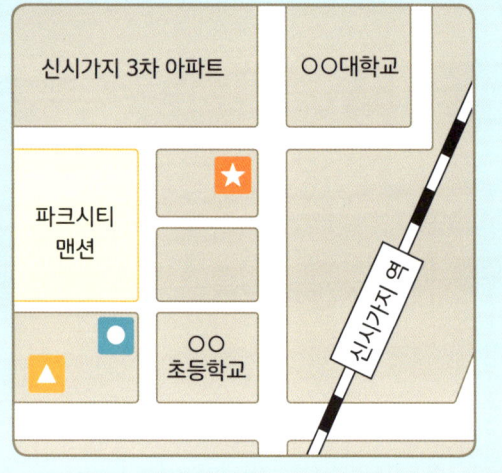

점장 체크

 경쟁 편의점이 택배 서비스를 시작하면서 우리 가게 매출이 줄어든 것에 대해 어떻게 하면 좋을까?

 우리도 택배 서비스를 하면 어떨까요?

 우리는 일손이 부족해서 현재로서는 무리야. 대학교가 가까우니까 대학생용 상품을 많이 구매하면 매출이 오르지 않을까요?

 좋아! 그리고 맨션에는 나이 드신 분들이 많이 사니까 건강식품 구매를 늘려보는 건 어떨까?

 아주 좋은 것 같아요! 저희 엄마가 건강식품에 대해 잘 아시니까, 어떤 게 좋을지 물어볼게요!

직접 해보자! 탐구 도전

(정답 ▶ p124)

도전

여러분 지역의 생필품 또는 식료품 가게 3곳을 선택해서 비교해보자!
(생필품이나 식료품 가게는 편의점·슈퍼·마트·잡화점 등을 말한다.)

	어떤 가게인가?	가게의 장점 및 특징은?
❶		
❷		
❸		

여러분이 만약 가게 ❶의 점장이라면, 매출을 올리기 위해 어떤 상품이나 서비스를 새롭게 제공할지 생각나는 대로 적어보자!

편의점의 미래는?

마지막은 본사에 제안할 내용이야! 세상의 흐름을 읽어 **앞으로 어떤 서비스를 제공하면 좋을지** 생각해줬으면 좋겠어!

세상의 흐름을 어떻게 읽어요?

우선, 뉴스부터 꼼꼼히 챙겨보자. 그리고 친구들한테 이야기를 듣는 것도 좋아! 나는 낚시를 통해 알게 된 친구한테서 여러 가지 정보를 듣고 있어.

아~

본론으로 들어가서, 오늘 주목할 뉴스는 이거야!

NEWS 신형 로봇 무인 계산대 등장!

사람을 구하기 어려운 지역에서는 고객 응대용 신형 로봇 무인 계산대가 편의점에 도입됐다. 특히 눈이 불편한 장년층에서 "로봇 무인 계산대가 인사도 해주고 목소리로 쇼핑도 할 수 있어 좋다"는 반응이다.

NEWS 드론 택배 대상 지역 확대

편의점 쇼핑을 드론으로 배송하는 서비스가 확대 중이다. 특히, 아파트 단지에서 "엘리베이터를 이용하지 않아 좋다", "베란다에서 짐을 받는 게 즐겁다"라는 호평을 받고 있다.

점장 체크

이 뉴스를 보고 어떤 생각이 들어? 우리 편의점도 앞으로 이런 걸 하면 좋을까?

일손이 부족하니까 신형 로봇 무인 계산대는 필요할 것 같아요!

드론 택배가 있으면 경쟁 편의점의 택배 서비스를 이길 수 있지 않을까요?

그렇지! 그리고 나는 신형 로봇 무인 계산대가 '눈이 불편한 고령자들에게 호평'이라고 하는 것에 주목했어. 다양한 사람들이 쇼핑하기 좋은 환경을 만드는 것은 중요하지.

직접 해보자! 탐구 도전

(정답 ▶ p125)

도전

로봇형 무인 계산대가 늘어나면 지금과 어떤 것이 달라질까?
생각나는 대로 적어보자! 편의점 이용이 아니어도 괜찮아!

드론 이용이 늘어나면 지금과 어떤 점이 달라질까?
생각나는 대로 적어보자! 택배나 편의점 이용이 아니어도 괜찮아!

로봇형 무인 계산대나 드론 이외에, 미래의 편의점은 지금과 어떤 것이 달라질까?
생각나는 대로 적어보자!

일본 편의점의 역사*

* 한국 편의점은 일본 편의점 시스템을 도입한 것으로 그 역사를 알아두면 참고가 된다.

1970년대 ······ 일본에 24시간 영업하는 편의점 1호점이 생겼다.

본사와 각 지점이 파트너가 되어 역할 분담을 하는 구조인 **프랜차이즈 시스템**을 도입하였으며, 편리함을 추구하는 세상의 흐름에 맞춰 지점을 확대했다.

아울러, 같은 지역에 많은 지점을 내는 **고밀도 집중 출점 방식**으로 지역 내 인지도를 높였다. 이것으로 지점끼리 협력해 트럭 배송 등을 효율화하는 데 성공했다.

1980년대 ······ 다른 제조사 상품들을 일단 같은 물류센터에 모아, 그 후 같은 트럭으로 각 지점으로 운반하는 **공동 배송**을 시작했다. 이를 통해 물류를 효율화하고 신선한 식품 배송이 가능해졌다.

POS(판매 시점 정보 관리) 시스템을 도입하여, 상품별로 구매·판매의 움직임을 추적할 수 있게 되었다. 이 데이터를 바탕으로 효과적인 구매·판매 시스템을 갖추게 되었으며, 여기에 '날씨', '이벤트' 등 다양한 정보도 추가되었다.

2000년대 ······ 편의점 내에 **은행 ATM기가 설치**되고, 전자화폐 결제가 가능해졌다.

2010년대 ······ **혁신 기술도 순차적으로 도입**되어, 매장에서 취급하던 단말기도 진화하여 전에는 사무실에서만 가능하던 발주 작업을 여러 가지 정보를 확인하면서 판매 매장에서 할 수 있도록 되었다. 또한 계산대에서는 현금뿐만 아니라 **신용카드, 체크카드 등 다양한 지불방법을 사용**할 수 있게 되었다.

2020년대 ······ 비닐봉지 유료화 및 페트병 회수 등의 '플라스틱 줄이기', 기계·설비 효율화에 의한 '탄소 중립', 상품 개발이나 폐기식품의 사료·비료 재이용 등에 의한 '식품 폐기물 감축' 등 **환경이나 사회를 위한 움직임이 가속화**되고 있다.

7일째

다양한 가게

7일째도 수학 연산을 사용하지 않고, 운영해보고 싶은 가게 경영에 대해 생각합니다.

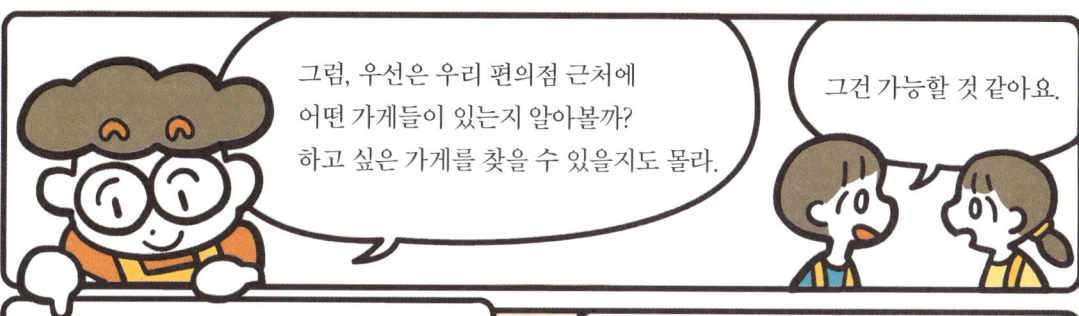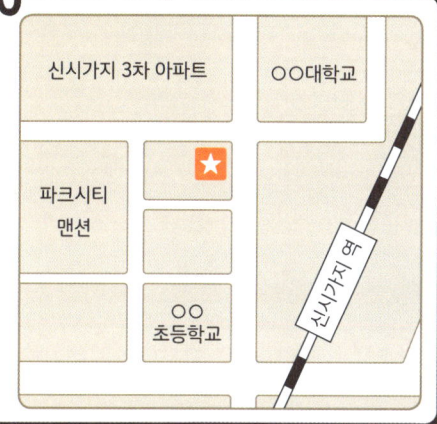

 # 어떤 가게들이 있지?

 어서 와! 근처에 어떤 가게들이 있었어?

다녀왔습니다. 이렇게 정리해봤어요.

점장 체크

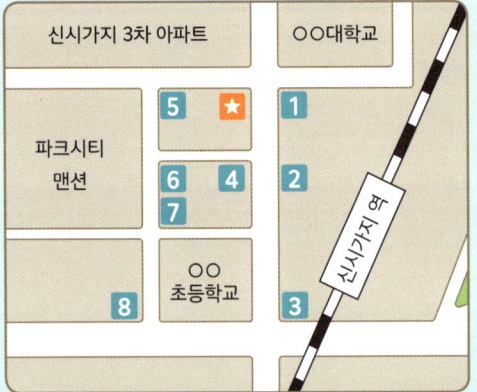

● 찾아낸 가게

1 문구점
2 옷가게
3 카페
4 서점
5 베이커리
6 미용실
7 꽃집
8 레스토랑

 오, 잘했네! 가게 안도 들여다봤니? 뭔가 눈에 띄는 점이 있었어?

 카페, 베이커리, 레스토랑에는 앉는 자리가 있었어요!

 미용실은 바깥에서 들여다보는 것만으로는 알 수 없었어요.
안에 들어가면 머리를 잘라야 할 것 같아서 안까지는 못 들어갔어요.

 둘 다 잘했어! 가게에 따라서는 **물건을 파는 게 아니라 서비스를 제공하는 가게도 있지**! 물건을 팔지만 먹거나 마시는 걸 할 수 있는 곳도 있어. 카페나 베이커리는 그 둘 다겠지? 그럼 정리를 좀 해볼까?

 그렇네요. 물건을 파는지, 서비스를 제공하는지 그 부분을 확실히 정리해보고 싶어요.

직접 해보자! 탐구 도전

(정답 ▶ p126)

7일째 · 다양한 가게

도전

밖으로 나가서 가게를 찾아보자!
각각의 가게가 '물건'을 파는 곳인지 '서비스'를 제공하는 곳인지도 구분하자!
('서비스'란 즐거움, 체험, 정보 등 형태가 없는 것을 제공하는 것이다.)

어떤 가게야?	팔고 있는 건 뭐야?	'물건'이야, 아니면 '서비스'야? 둘 다야? (O으로 표시하자)
		물건 · 서비스
		물건 · 서비스
		물건 · 서비스
		물건 · 서비스

수찬이와 세미는 찾아낸 가게를 다음과 같이 분류했어.
이 부분은 여러분 생각으로 분류해보자!

- ● 물건
  - 문구점
  - 옷가게
  - 서점
  - 꽃집

- ● 서비스
  - 미용실

- ● 양쪽
  - 카페
  - 베이커리
    *사들고 갈 상품(제과)도 있고, 먹을 수 있는(서비스를 제공받는) 장소도 있으니, 양쪽으로 파악했다.
  - 레스토랑

 # 어떤 가게를 해보고 싶어?

어떤 가게들이 있는지 살펴봤을 텐데, 각자 해보고 싶은 가게는 찾았어?

저는 서점을 해보고 싶어요!

저는 베이커리를 해보고 싶어요! 케이크 종류는 30개 정도, 매장 안에서 먹을 수도 있고, 느긋하게 쉴 수 있는 테라스도 있는 그런 가게요!

둘 다 좋네! 하지만 이건 점장으로서의 조언인데, 가게를 구체적으로 생각하는 것도 좋지만 우선은 손님의 '니즈'를 생각하면 좋아.

'니즈'가 뭐예요?

'○○였으면 좋겠는데'라든가, '○○했으면 좋겠다'라든가, 손님이 가게에 원하는 것을 '니즈'라고 해.
수찬이, 세미 둘 다 오시는 손님에 대한 이미지를 가지고 있을까?

● **수찬이가 하고 싶은 서점의 경우**

오시는 손님 이미지

근처에 사는 초등학생에서 대학생까지

이런 느낌일까?

손님의 니즈
- 공부가 즐거워지는 책이 많이 있으면 좋겠다.
- 최신 인기 만화가 갖추어져 있으면 좋겠다.
- 매장 내 읽기도 가능하면 좋겠다.

● **세미가 하고 싶은 베이커리의 경우**

오시는 손님 이미지
- 수다를 떨거나 쉬고 싶은 사람
- 생일 등 축하 케이크를 사는 사람

두근두근

손님의 니즈
- 친구와의 수다도, 혼자 느긋한 휴식도 둘 다 가능하면 좋겠다.
- 맛있고 예쁜 케이크를 원한다.

좋아!

직접 해보자! 탐구 도전

(정답 ▶ p127)

도전

여러분은 어떤 가게를 하고 싶은지 생각해보자. '물건'과 '서비스' 중 어떤 것을 제공하는 가게인가?

하고 싶은 가게 종류	어떤 걸 팔지? (물건? 서비스?)

어떤 손님을 위한 가게인지 생각해보자. 그 손님의 니즈를 예상한다면?

오시는 손님 이미지	손님의 니즈는? (예상)

가게의 특징을 생각해서 디자인하자!

7일째 / 오후 3시

어떤 서점이 좋을지, 아는 형이나 친구들에게 설문조사를 해봤어요.
그랬더니 '매장 내 읽기'가 가능했으면 하는 요구가 많았어요!

저는 편의점에 오는 언니 3명에게 물어봤어요.
그랬더니 역시 '혼자 느긋하게 쉬기'와 '친구들과 수다 떨기',
이 두 가지를 다 할 수 있는 곳이면 좋겠다고 했어요!

두 사람이 모두 예상했던 니즈가 실제로 있다는 것을 알 수 있었네!

다음은 뭐예요?

그럼 이제 손님들의 니즈를 어떻게 해결할지 생각하면서 가게의 특징을 정하고, 가게 이름이나 간판, 가게에서 사용할 물건 등의 디자인을 생각해보자!

저는 베이커리 진열대 디자인을 생각해보고 싶어요!
점장님도 같이 고민해주세요!

● 수찬이의 서점

특징 · 가게 이름

- 매장 내 읽기 OK!
- 학생을 위한 즐거운 서점
- 가게 이름: 수찬북스

간판 디자인

일단 간판부터!

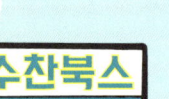

● 세미의 베이커리

특징 · 가게 이름

- 혼자서도, 친구나 가족과도 모두 OK!
- 다양한 종류의 케이크가 있음
- 가게 이름: SEMI'S

베이커리 진열대 디자인

귀여워!

이런 느낌일까?

| 직접 해보자 ! | **탐구 도전** |  |

정답 ▶ p128

도전

여러분이 하고 싶은 가게의 가장 큰 특징은 무엇인가? 가게 이름은?

가장 큰 특징	가게 이름

하고 싶은 가게의 간판, 상품 포장, 포스터 등 필요한 것을 생각하고,
그중에 2개 정도 선택하여 디자인을 그려보자!

가격이나 요금을 정하자!

여러 가지가 정해졌네. 그럼 장사에서 중요한 **상품 가격과 서비스 요금**을 정해 보자!

어? 어떤 서점이든, 같은 책은 같은 가격 아닌가요?

그렇지!
중고서점은 다르겠지만, 신간도서를 파는 서점은 출판사가 정한 가격으로 팔아야 해!

베이커리는 케이크 가격을 어떻게 정하면 좋을까요?

우선, 다른 베이커리들의 가격을 참고해보자.
꽤 어렵지만, 비용부터 생각해보는 것도 좋아.
전에 했던 것처럼 **이익 = 매출 - 비용**이니까!
그럼, 어떤 비용들이 들지 모두 적어보는 것도 좋지.

● 개점 전 준비 비용
- 매장 인테리어비
- 외관 인테리어비 · 간판비
- 주방 등 설비비
- 메뉴판이나 로고·포장 등 디자인비
- 식기류 비용
- 계산대 등 기계 구입비
- 청소용품비

● 영업시 발생하는 비용
- 월세 · 전기세
- 인건비
- 케이크 재료비
- 케이크 상자 구입 비용

이처럼 비용은 개점 전 준비 비용과 영업시 발생하는 비용, 두 가지로 나누어서 생각하면 돼.

와~, 너무 어렵네요!

서점은 책 구매, 월세, 인건비 등이 영업하면서 들 것 같네요.

서점은 그렇지! 책 구매가 중요하니까, 편의점 경험이 분명 도움이 될 거야!

직접 해보자! **탐구 도전**

(정답 ▶ p129)

7일째 · 다양한 가계

도전

여러분이 하고 싶은 가게의 상품 가격이나 서비스 요금을 정해보자!

상품·서비스	가격·요금

비용 목록을 작성해보자! 비용이 얼마나 들지는 안 써도 OK!

개업 전 준비 비용 목록	영업시 발생하는 비용 목록

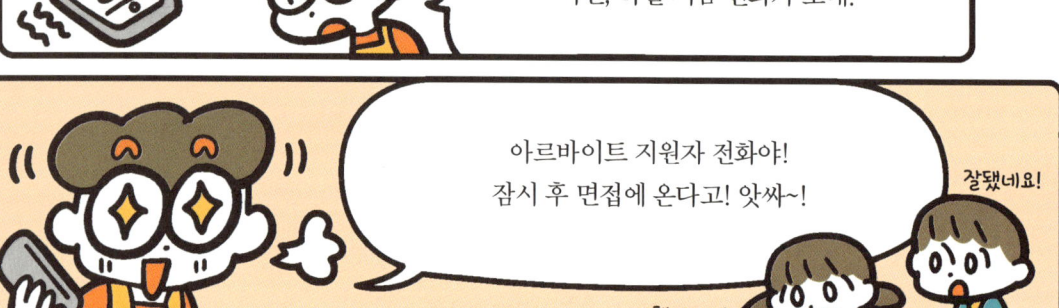

선물이 있어요!

최종 미션.
업무에 쓰이는 수학 연산을 복습하자!

직접 해보자! 탐구 도전

(정답 ▶ p130)

> 도전

직업 체험 중 며칠째가 재미있었나 생각해보자.
1~3위까지 순위를 매겨, 재미있었던 이유를 적어보자.

	미션	순위	재미있었던 이유
1일째	• 재고 관리 • 재고 수량 - 판매 수량 + 구매 수량 = 현재 재고 수량		
2일째	• 매출 계산 • 1개의 판매 가격 × 판매 수량 = 매출		
3일째	• 이익 계산 • 매출 - 구매 비용 = 이익		
4일째	• 구매 계획 • 판매 수량에 따른 이익 시뮬레이션		
5일째	• 판매 분석 • 막대그래프, 꺾은선그래프, 원그래프, 평균 계산		
6일째	• 편의점 경영 • 구인 광고, 경쟁점 대책, 편의점의 미래		
7일째	• 다양한 가게 • 가게 종류 조사 및 하고 싶은 가게		

배운 걸 살려서 앞으로 해보고 싶은 게 있다면?
(해보고 싶은 것에 ◯로 표시하자.)

- 쇼핑할 때 상품 가격, 매출, 구매 가격, 이익 등을 생각해본다.
- 환경을 생각한 상품을 찾아본다.
- 사업에 관련된 뉴스를 본다.
- 마음에 드는 가게를 찾아서, 왜 그런 가게로 만들었는지 생각해본다.
- 기타 (   )

관심 가는 것부터 시작해보자.

자료 페이지 연산이네 방

● **(네 자리 수)×(한 자리 수) 계산 방법**

풀이

【(네 자리 수)×(한 자리 수) 계산의 개념】

계산 1310×6

$$1310 \times 6 \begin{cases} 1000 \times 6 = 6000 \\ 300 \times 6 = 1800 \\ 10 \times 6 = 60 \\ 0 \times 6 = 0 \end{cases}$$

합계 7860

계산 방법

```
   1310
 ×    6
   ────
      0  … 0×6
     60  … 10×6
   1800  … 300×6
   6000  … 1000×6
   ────
   7860
```

» 즉, 자릿수마다 나눠 곱하고, 나중에 더하면 된다.

순서

1. 일의 자리 곱셈

```
  1310
×    6
─────
     0
```

'6×0=0'이므로 일의 자리에 0을 쓴다.

2. 십의 자리 곱셈

```
  1310
×    6
─────
    60
```

'6×1=6'이므로 십의 자리에 6을 쓴다.

3. 백의 자리 곱셈

```
  1310
×    6
─────
 ¹860
```

'6×3=18'이므로 백의 자리에 8을 쓰고, 1을 천의 자리에 올린다.

4. 천의 자리 곱셈

```
  1310
×    6
─────
 ¹7860
```

'6×1=6'이므로 6인데, 여기에 자리 올림한 1을 더해서 7이 된다.

비율 계산 방법

풀이

어떤 수량이 기준이 되는 수량의 얼마(몇 배)에 해당하는지 나타낸 수를 '비율'이라고 합니다.
이익률은 이익이 가격의 얼마(몇 배)에 해당하는지를 나타낸 수입니다.

어떤 수량   기준이 되는 수량

이익률 (비율) = 이익 ÷ 판매 가격

(예) 400원은 1000원의 몇 배에 해당하는가?

비율
400 ÷ 1000 = 0.4

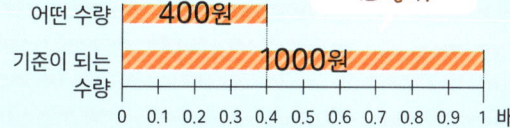

기준이 되는 수량을 1로 한다.

비율은 소수나 정수로 나타내는 것 외에 기준이 되는 양을 100으로 보고 %를 사용해서 나타내기도 합니다. 이 표현을 '백분율'이라고 하죠. 이익률은 보통 **백분율**을 사용하여 다음과 같이 구합니다.

이익률 (%) = 이익 ÷ 판매 가격 × 100

순서

이익이 300원이고 판매 가격이 1000원인 상품의 이익률은?

1. 이익률을 소수로 구하면

300 ÷ 1000 = 0.3

2. 이익률을 백분율로 나타내면

0.3 × 100 = 30 (%)

자료 페이지 연산이네 방

● 그래프 보는 법·읽는 법

풀이

그래프를 읽을 때는 **전체적인 특징이나 경향을 보는 눈**, 그리고 **미세한 부분을 보는 눈**이 모두 필요해요.

예시

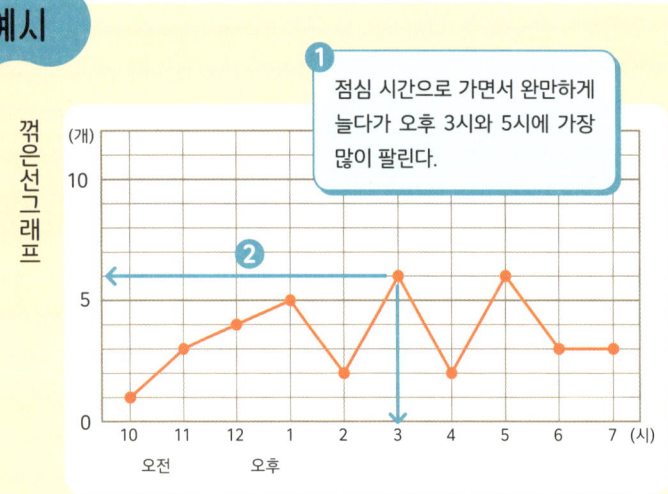

1 점심 시간으로 가면서 완만하게 늘다가 오후 3시와 5시에 가장 많이 팔린다.

1 우선은 전체 꺾은선에서 최고, 최저, 기울기로 경향을 본다.

2 가로축은 시각, 세로축은 수량으로 되어 있으므로, 특징적인 곳의 시각이나 수량은 점(·)의 가로선 세로선을 그어 살펴보자.

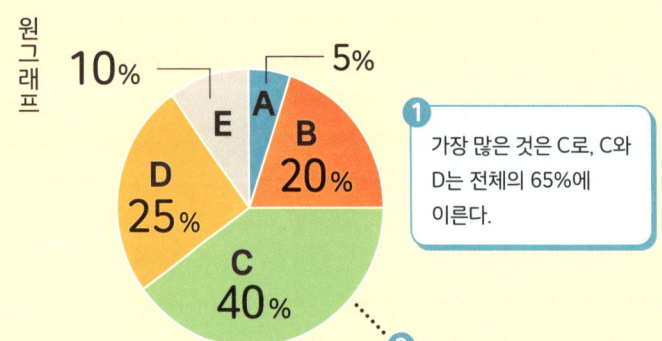

1 가장 많은 것은 C로, C와 D는 전체의 65%에 이른다.

1 일단 가장 비율이 높은 것과 두 번째로 높은 것을 본다.

2 전체를 기준으로 각 부분의 비율을 보거나, 각 부분끼리의 비율을 비교해보자.

● 평균 구하는 법

풀이

'평균'이란 서로 다른 수량을 같은 수량의 값으로 만드는 것입니다.

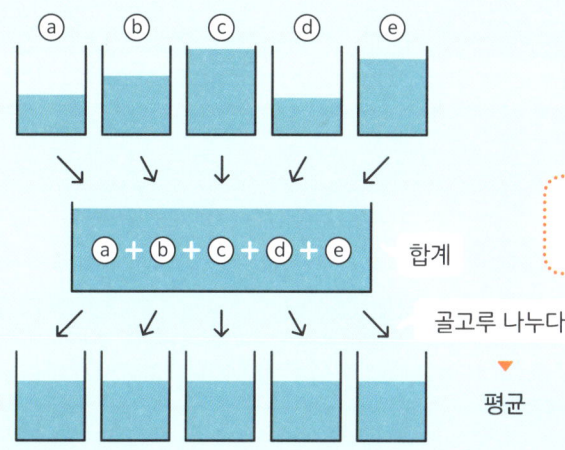

평균은 수량을 일단 전부 합하여, 합한 값을 합한 개수만큼 등분한다고 생각하면, 다음 식으로 구할 수 있어요.

$$평균 = 합계 ÷ 개수$$

예시

다음 6명이 사용한 금액의 평균은 얼마일까요?

A씨	B씨	C씨	D씨	E씨	F씨
2400원	2800원	4200원	3000원	4000원	2800원

1. 금액의 합계를 구한다.
   2400 + 2800 + 4200 + 3000 + 4000 + 2800 = 19200(원)

2. 사용한 금액의 평균을 구한다.
   19200 ÷ 6 = 3200(원)

어린이를 위한 수학의 쓸모

비즈니스 × 연산

정답 & 해설

정답을 담당하고 있습니다.

<어린이직업체험컴퍼니> 대표

함께 해설을 담당하고 있습니다.

신시가지 3차점 편의점 점장

점장이 드리는 부탁 | 채점하는 데 그치지 말고, 꼭 **함께 탐구**해 주세요!

 상품이 입고되면 재고 수량은 어떻게 되지?

19페이지 정답

입고 후 재고 수량을 덧셈으로 구했어요. **입고는 더하기**라는 비즈니스의 기본이 몸에 배지 않았나요?

	재고 수량	입고 수량	입고 후 재고 수량
삼각김밥	23 +	22 =	45
감자칩	36 +	21 =	57
티슈	25 +	18 =	43
카페라떼	13 +	27 =	40
사탕	35 +	**26** =	**61**
볼펜	21 +	**7** =	**28**
세제	5 +	**19** =	**24**

받아올림이 있는 계산

받아올림이 있을 때의 계산 실수에 주의!

25 + 18 = 33(정답은 43)처럼 십의 자리에 받아올림한 1을 더하는 걸 잊지 않으셨나요? 실수하기 쉬운 경우는 귀찮더라도 필산이나 검산을 하는 것이 좋아요.

필산 방법은 아래 예시를 참고해주세요.

[필산 예시]
```
   1……잊지 말자!
   2 5
 + 1 8
 ─────
   4 3
```

정확하게 옮겨 적자!

19페이지 메모의 숫자를 정확하게 옮겨 적으셨나요?

함께 탐구하기

» 집에서 재고 관리 놀이를 해보자!

【놀이 1 : 재고 수량 확인하기】

집 안에 있는 생필품 중 재고가 얼마나 있는지 궁금한 물건이나 신경 쓰이는 물건이 있다면 재고 수량을 확인해보세요!

냉장고 안의 계란, 서랍 속의 건전지 등 모르는 사이에 줄어드는 생필품을 추천합니다!

 **판매 후 재고 수량은 어떻게 되지?**

21페이지 정답

 판매 후 재고 수량을 뺄셈으로 구했어요. **팔면 그만큼 재고 수량은 줄어든다!** 라는 거죠. 마찬가지로 이 장을 통해 비즈니스 기본을 알게 되었네요.

		입고 후 재고 수량		판매 수량		판매 후 재고 수량
삼각김밥		45	−	10	=	35
감자칩		57	−	17	=	40
티슈		43	−	28	=	15
카페라떼		40	−	34	=	6
사탕		61	−	32	=	29
볼펜		28	−	6	=	22
세제		24	−	8	=	16

받아내림 있는 계산

받아내림 있을 때의 계산 실수에 주의!

받아올림과 마찬가지로 받아내림도 실수하기 쉽습니다.

43-28=25(정답은 15)와 같이 계산하지 않으셨나요? 실수하기 쉬운 경우에는 필산으로 계산하세요.

시간 여유가 있다면 나온 답에 뺀 수를 더하여 처음 수가 되는지 검산도 해봅시다.

[필산 예시]
$$\begin{array}{r} \overset{3}{4}3 \\ -28 \\ \hline 15 \end{array}$$
받아내림한 후의 수를 적어두면 좋다.

[검산 예시] 15 + 28 = 43

함께 탐구하기

» **집에서 재고 관리 놀이를 해보자!**

【놀이 2 : 구매하기】

놀이 1에서 재고가 부족하다고 적은 물건들을 가족과 함께 사러 갑시다!

쇼핑하러 갔을 때 꼭 해보세요!

 **입고와 판매를 반복한다면?**

23페이지 정답

 약간의 응용문제입니다. 덧셈, 뺄셈을 반복 계산하면서, **재고 관리의 어려움 및 중요성을 체감**할 수 있었으면 좋겠어요.

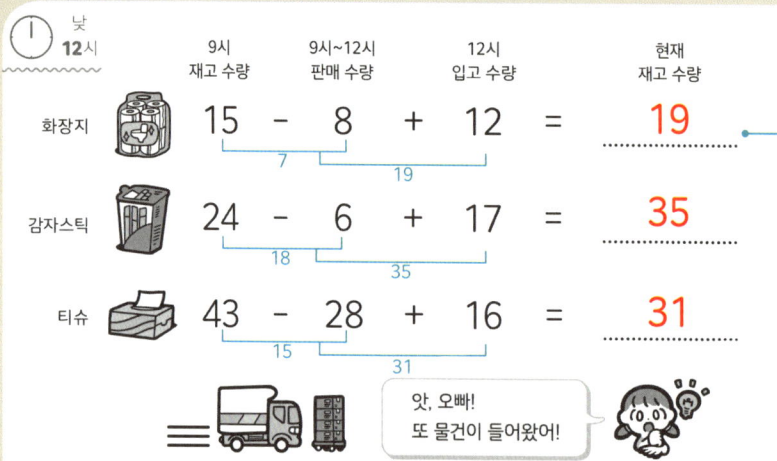

메모하며 왼쪽부터 순서대로
( )나 ×, ÷가 없는 3개 이상의 수의 계산은 왼쪽부터 순서대로 답을 메모하면서 계산해 나가는 것이 좋아요.

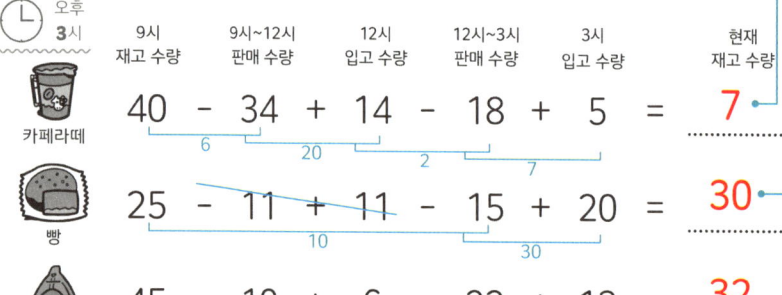

순서를 바꾸는 요령!
○-11+11처럼 같은 수를 빼고 더하면, 아무것도 빼거나 더하지 않는 것과 같아요.

그러니까 -11+11을 지우고 25-15+20으로 계산해도 돼요.

함께 탐구하기

» **집에서 재고 관리 놀이를 해보자!**

【놀이 3 : 재고 수량 체크 습관화하기】

놀이 2에서 산 물건들을, 다시 한번 재고 수량에 계산해서 확인해 둡시다.
앞으로도 주기적으로 체크를 한다면 수량이 부족하거나 하는 일은 없겠지요.

가족 중 한 명에게 '재고 관리자' 역할을 맡기는 것도 재밌겠네요!

1일째 직접 해보자! 탐구 도전

26페이지 정답

도전

※ 파란색 부분은 예시입니다.

오전 중에 실제로 편의점에 가서,
상품 진열대에 있는 상품 재고 수량을 조사해보자!
(편의점 업무에 방해가 되지 않도록 상품에는 손대지 말고,
눈으로만 대략적인 수량을 확인하자.)

조사한 시각 오전 **10** 시 **00** 분

카테고리*	상품명	수량(대략)	상품명	수량(대략)
디저트	슈크림	3개	푸딩	2개
삼각김밥	불고기	5개	베이컨	4개
자유 기입 빵	단팥빵	3개	멜론빵	0개

* 카테고리: 같은 진열대에 놓인 비슷한 종류를 그룹화한 것

세면 알게 된다!
어떤 상품이 많았나요? 그 상품이 많이 있는 이유는 '그 편의점에서 가장 잘 팔리는 상품이라서', '지금 막 상품이 입고되어서' 등 여러 가지를 생각할 수 있죠.

도전

같은 날 오후에 위 상품의 재고 수량을 다시 체크해보자!
상품 진열을 몇 시쯤 할지도 예상해보자.

조사한 시각 오후 **2** 시 **00** 분

카테고리	상품명	수량(대략)	상품명	수량(대략)
디저트	슈크림	0개	푸딩	0개
삼각김밥	불고기	8개	베이컨	7개
자유 기입 빵	단팥빵	2개	멜론빵	3개

비교하면 알게 된다!
시간을 두고 한 번 더 재고 수량을 체크했을 때, 재고 수량이 늘어 있다면 '그동안에 입고되었겠지?'라고 생각하거나, 반대로 줄어 있다면 '그만큼 팔렸겠지?'라고 생각할 수 있어요.

》 오전 **10** 시에서 **00** 분에서 오후 **2** 시 **00** 분 사이에
새롭게 진열된 상품은 **삼각김밥(불고기), 삼각김밥(베이컨), 멜론빵** 이라고 생각한다

1일째 정리

'재고 관리'는 비즈니스의 기본이에요!
앞으로도 가게에 들르게 되면,
의식적으로 재고 수량을 체크해보세요!

 상품별 매출은 얼마일까?

31페이지 정답

1개당 판매 가격에 판매 수량을 곱하면, 상품별로 매출을 계산할 수 있어요. **가격이 높을수록, 많이 팔릴수록 매출이 높아진다**는 걸 실감할 수 있지 않았나요?

삼각김밥	1개 가격		판매 수량		매출	
참치마요	1000	×	4	=	4000	(원)
불고기	1200	×	5	=	6000	(원)
베이컨	1200	×	8	=	9600	(원)
스팸	1300	×	7	=	9100	(원)
치즈닭갈비	1100	×	8	=	8800	(원)

0을 포함한 곱셈에 주의!
혹시 0의 개수를 틀리지 않았나요? 자릿수가 증가해 머리가 혼란스러울 것 같을 때는 필산으로 계산해요.

필산 방법은 98페이지를 참조해 주세요.

함께 탐구하기

》 **쇼핑할 때 가격 맞추기 놀이를 해보자!**

【놀이 1 : 가격 맞추기 게임】

슈퍼에 물건을 사러 가기 전에 '쇼핑 리스트'를 작성해보세요.
리스트가 다 작성되면, 가격을 예상해서 가격의 합계를 계산해 봅시다.

가격을 예상할 때는 '계란 1팩(10개입)은 5000원이니까 ○○은…'처럼 알고 있는 상품 가격을 힌트로 하면 생각하기 수월해요.

카테고리별 매출은 얼마일까?

상품별로 매출을 더해, 카테고리별 매출을 냅니다. 이렇게 **필요에 따라 분류해 계산**해서, 매출 등의 중요한 금액을 관리해 가는 것이 가게 경영에 있어서 매우 중요하죠.

33페이지 정답

삼각김밥

| 참치마요 | 불고기 | 베이컨 | 스팸 | 치즈닭갈비 | 카테고리별 매출 |

4000 + 6000 + 9600 + 9100 + 8800 = 37500 (원)
　　10000
　　　　19600
　　　　　　28700
　　　　　　　　37500

빵

식빵　단팥빵　롤빵　초코빵　멜론빵

10000 + 7200 + 8000 + 6600 + 3600 = 35400 (원)

디저트

푸딩　슈크림　젤리　찹쌀떡　조각케이크

4400 + 4800 + 4500 + 2400 + 5200 = 21300 (원)

음료

오렌지주스　사과주스　포도주스　콜라　사이다

8400 + 6300 + 3900 + 8400 + 3200 = 30200 (원)

문구

볼펜　샤프　지우개　노트　스카치테이프

5100 + 3600 + 2400 + 3300 + 1800 = 16200 (원)

메모하며 왼쪽부터 순서대로

( )나 ×, ÷가 없는 3개 이상의 수의 계산은 왼쪽부터 순서대로 답을 메모하면서 계산해 나가는 것이 좋아요. 자릿수가 크고, 받아올림이 있는 경우도 있죠. 하나씩 하나씩 침착하게 계산해 주세요. 전자계산기를 사용해도 좋아요.

순서를 바꾸는 요령!

합쳐서 1000이나 10000이 되는, 딱 떨어지는 조합을 찾아내서, 계산 순서를 바꾸면 편하게 계산할 수 있어요.

[계산 예시]

4400 + ⬚4800⬚ + 4500 + 2400 + ⬚5200⬚
= ⬚4800⬚ + ⬚5200⬚ + 4400 + 4500 + 2400
　　10000이 된다

함께 탐구하기

》 쇼핑할 때 가격 맞추기 놀이를 해보자!

【놀이 2 : 슈퍼에서 답 맞추기】

실제로 슈퍼에 가서 '쇼핑 리스트'에 적힌 물건을 삽시다.
집에 돌아와 영수증을 보고, 예상했던 가격 합계와 실제 가격 합계의 차를 비교해봐요.

하나하나 가격을 예상해본 후 쇼핑을 하면 '와, 생각했던 것보다 비싸네'처럼 혼잣말을 하면서 쇼핑을 한층 즐길 수 있어요.

2일째 직접 해보자! 탐구 도전

36페이지 정답

도전

※ 파란색 부분은 예시입니다.

실제로 편의점에 가서 상품 가격을 조사해보자!
카테고리별로 가장 비싼 상품을 적자!

카테고리	상품명	가격	카테고리	상품명	가격
디저트	❶ 초코 케이크	4200원	음료	❹ 스페셜 밀크티	2600원
삼각김밥	❷ 삼각김밥 (불고기)	2400원	컵라면	❺ 컵라면(왕뚜껑)	2700원
자유 기입 빵	❸ 식빵	3500원	자유 기입 문구	❻ 전자계산기	10000원

느낌이 있는 숫자!

가격을 알아보고 뭘 느꼈나요? 비싸다느니 싸다느니? 그냥 '1200'이랑 '1200원'은 뭐가 다른 느낌이 들지 않나요? 가격은 단순한 숫자가 아니라 '아, 이거 비싸구나' 이런 느낌이 들 때가 있으니까 재미있죠! 숫자에도 의미가 있어요.

도전

위에서 조사한 상품 중 ❶~❸의 경우, 만약 각각의 상품이 진열대에 놓여 있던 수량이 모두 다 팔린다면 매출은 얼마가 될까?
(편의점 직원들에게 불편을 끼치지 않도록 수량은 상품에는 손대지 말고 눈으로만 어림으로 파악하자.)

	1개 가격		진열된 대략적인 수량		매출	
❶	4200	×	2	=	8400	(원)
❷	2400	×	4	=	9600	(원)
❸	3500	×	5	=	17500	(원)

매출이 높은 것은?

❶~❸ 상품 중에서, 매출이 가장 높았던 것은 무엇인가요?

그 이유는 '판매 가격이 높다', '판매 수량이 많다' 중 어느 쪽인가요?

2일째 정리

매출을 올리기 위해서는 '판매 가격을 올릴까', 아니면 '더 많이 팔까'예요!

판매 가격을 올리면 팔리지 않을 우려가 있지만, 필요한 가격 인상도 있기에 가격 인상이란 게 어렵네요.

상품 1개당 이익은?

41페이지 정답

 판매 가격에서 구매 가격을 빼서 이익을 계산했죠? **구매 가격과 판매 가격의 차가 큰 쪽이 이익이 크다는 걸 알 수 있죠.**

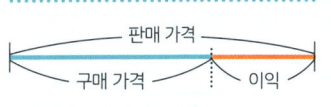

식의 의미를 생각하자!

계산식 자체는 간단하지만, 각각의 숫자가 의미하는 것을 이해하는 게 중요해요. 아래 그림을 보면, 좀 더 쉽게 이해가 되죠.

함께 탐구하기

» 이익 계산 놀이를 해보자!

【놀이 1 : 이익 예상】
가게에 있는 각 상품에 대해서, 그 상품이 1개가 팔렸을 때 어느 정도의 이익이 날지 마음 가는 대로 예상해봅시다!

외식이나 쇼핑을 가는 김에 해보세요. 가게 직원에게 묻지 말고, 어디까지나 스스로 예상만 해보세요.

이익을 자세히 살펴보자!

3일째 오후 1시

43페이지 정답

매출에서 구매 비용을 빼, 이익을 계산했어요. **구매 비용이 비싸면 이익 내기가 어려운 구조**라는 걸 알 수 있지 않았나요?

삼각김밥
(불고기)

= 2500 (원)

식의 의미를 생각하자!
700원으로 5개 구매해서, 1200원에 5개 팔린 것을 나타냅니다. 좌우 가격의 차이가 앞에서 배웠던 이익이며, 수량의 차이는 재고를 나타냅니다.

초코빵

▼판매가 ▼수량 ▼구매가 ▼수량
1100 × 6 − 700 × 7 = 1700 (원)

수량이 같은 경우에는, 괄호를 사용해서 계산해도 OK!

1200×5−700×5
= (1200−700)×5
= 500×5
= 2500

위와 같이, 계산 규칙을 이용하는 등 편한 방법을 찾아 계산해요.

슈크림

▼판매가 ▼수량 ▼구매가 ▼수량
1200 × 4 − 800 × 6 = 0 (원)

오렌지 주스

▼판매가 ▼수량 ▼구매가 ▼수량
1400 × 6 − 800 × 9 = 1200 (원)

숫자가 나타내는 의미를 읽어내라!
이익이 반드시 난다고는 할 수 없어요. 매출보다 구매 비용이 높은 경우에는 '적자'라고 해요.

볼펜

▼판매가 ▼수량 ▼구매가 ▼수량
1700 × 3 − 900 × 5 = 600 (원)

함께 탐구하기

» 이익 계산 놀이를 해보자!

【놀이 2 : 구매 이외의 비용 예상하기】

좋아하는 가게를 정해서 구매 이외에 어떤 비용이 들지 그 항목들을 예상해 봐요!

구매 비용, 인건비는 기본이죠. 편의점 이외의 가게는 인건비가 어느 정도 들까요?

3일째 직접 해보자! 탐구 도전

46페이지 정답

도전

좋아하는 상품의 이익률을 예상해보자!
(인터넷으로 검색해서 실제 이익률을 알게 되면 그것도 적어 놓자.)

※ 파란색 부분은 예시입니다.

이익 = 판매가 - 구매가

이익률(%) = 이익 ÷ 판매가 × 100

상품	판매가	예상 구매가	예상 이익	예상 이익률	실제 이익률
슈크림	1200원	600원	600원	50%	약 30%
삼각김밥 (불고기)	1000원	700원	300원	30%	약 15%

예상 구매 비용과 예상 이익 합계가 상품의 판매 가격과 같아지도록 해요.

 연산 힌트: 비율 계산은 97페이지의 <연산이네 방>을 참고하자!

> **가격이 1200원인 슈크림은 360원(30%)이 이익이고, 840원(70%)이 구매 가격이야.**

> **이익률과 구매 가격**
> 조사한 이익률이 예상보다 높다면 구매 가격은 예상보다 낮고, 반대로 이익률이 예상보다 낮다면 구매 가격은 예상보다 높다고 볼 수 있죠.

> **예상 이익률은 300÷1000×100=30으로 30%로 계산 가능해요.**

도전

다양한 아르바이트의 시급(1시간 일하고 지급되는 금액)을 알아보자!
인터넷이나 길거리 구인 광고 등을 통해 실제 시급을 알아보자!

조사한 일	업무 내용	업무 시간대	시급
편의점 점원	고객 응대·상품 진열· 청소·판매 준비	심야 시간	13000원
자유 기입 편의점 점원	고객 응대·상품 진열· 청소·판매 준비	낮 시간	10000원
자유 기입 영화관 스태프	고객 응대·티켓판매· 매점·청소	아침~저녁 교대근무제	11000~13000원

> **시급 차이**
> 시급이 다른 이유는 뭘까요? 예를 들면, 업무 내용, 시간대 등으로 시급이 달라요. 업무 내용과 시간의 관계를 생각해보세요.

3일째 정리

이익을 늘리기 위해서는 매출을 올릴지, 비용을 줄일지이죠.

상품 판매 가격을 올리지 않고 얼마나 비용을 억제할지, 상품을 파는 사람은 매출을 올리기 위해 아이디어를 계속 생각하죠.

이익이 나는 건 몇 개부터일까?

51페이지 정답

컵수박을 13개 구매해서 몇 개가 팔리면 이익이 날지 시뮬레이션을 했죠? **매출이 구매 비용보다 많으면 이익이 난다는 것**을 알았을 거예요.

Q 구매 비용은 얼마일까?

컵수박

구매 가격	구매 수량	구매 비용
700원	13개	9100 원

구매 비용은 구매 가격 × 구매 수량으로 계산할 수 있죠.
700×13 = 9100 (원)

Q 매출을 수량별로 구해서 아래 표에 적어보자! 이익이 나는 건 몇 개부터일까?

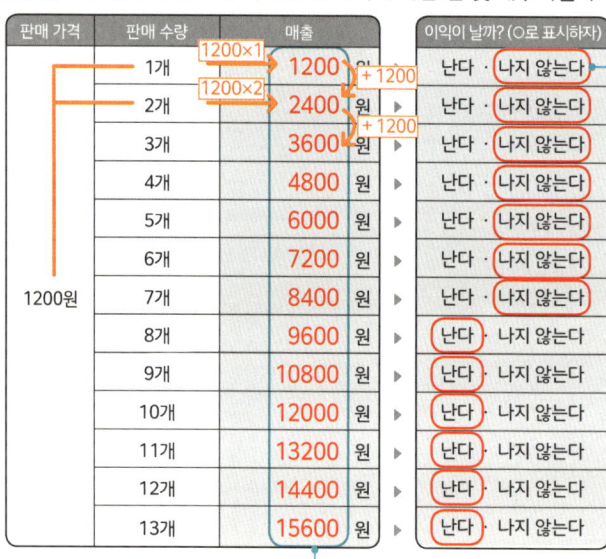

매출이 구매 비용인 9100원보다 많으면 이익이 나죠.

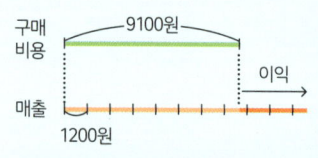

매출은 덧셈으로 구해도 OK!

매출은 '판매 가격 × 판매 수량'으로,
1200×1 = 1200 (원)
1200×2 = 2400 (원)
위와 같이 계산할 수 있지만,
하나 더 팔리기 전 매출에 1200을 더하면,
1200+1200 = 2400 (원)
2400+1200 = 3600 (원)
위와 같이 계산하는 방법도 있죠.

함께 탐구하기

》 구매 계획 회의를 해보자!

【놀이 1 : 구매를 고민하는 상품 결정하기】

물건을 파는 가게에서 구매가 너무 많다고 생각되는 상품, 구매가 너무 적다고 생각되는 상품을 짐작해보세요.

'아~, 다 팔렸네!' 또는 '재고가 잔뜩 쌓여 있어'처럼, 문득 고민이 되는 상품을 찾아보세요.

구매 계획은 어느 쪽이 좋을까?

53페이지 정답

13개 구매했을 때와 8개 구매했을 때, 이익이 어떻게 날지 시뮬레이션을 했습니다. **적게 구매했을 경우 바로 이익이 나지만, 수량이 부족해져서 그 이상 이익이 나지 않을 가능성도 있습니다.**

Q 남매가 주장하는 8개의 구매 비용은 얼마일까?

컵수박

▼ 구매 계획-많음

구매 가격	구매 수량	구매 비용
700원	13개	9100원

▼ 구매 계획-적음

구매 수량	구매 비용
8개	5600원

구매 가격은 700원, 구매 수량은 8개이므로, 700×8=5600 (원) 으로 계산할 수 있습니다.

Q 점장과 남매의 구매 계획에 대한 이익을 계산하여 표로 만들어보자.
(이익이 나지 않을 때는 '없음'이라고 적자.)

판매 가격	판매 수량	매출	구매 계획-많음		구매 계획-적음	
			이익은 얼마?	수는 충분한가?	이익은 얼마?	수는 충분한가?
1200원	1개	1200원	없음	충분	없음	충분
	2개	2400원	없음	충분	없음	충분
	3개	3600원	없음	충분	없음	충분
	4개	4800원	없음	충분	없음	충분
	5개	6000원	없음	충분	400원	충분
	6개	7200원	없음	충분	1600원	충분
	7개	8400원	없음	충분	2800원	충분
	8개	9600원	500원	충분	4000원	충분
	9개	10800원	1700원	충분	4000원	부족
	10개	12000원	2900원	충분	4000원	부족
	11개	13200원	4100원	충분	4000원	부족
	12개	14400원	5300원	충분	4000원	부족
	13개	15600원	6500원	충분	4000원	부족

1200×1
1200×2

매출-구매 비용=이익
'구매 계획-많음'에서는 구매 비용이 9100원이므로, 매출이 9100원보다 보다 많아지면 이익이 나죠.

'구매 계획-적음'에서는 구매 비용이 5600원이므로, 매출이 5600원보다 많아지면 이익이 나죠.

판매할 수량이 부족하면 마지막 '충분' 했을 때(이 경우는 8개째)의 이익을 적으세요.

Q 표의 결과를 글로 정리해보자.
구매 계획을 많이 했을 때 이익이 더 나는 것은 판매 수량이 <u>11</u> 개~<u>13</u> 개일 때이고,
구매 계획을 많이 했을 때 이익이 적을 때는 판매 수량이 <u>5</u> 개~<u>10</u> 개일 때이다.

함께 탐구하기

» 구매 계획 회의를 해보자!

【놀이 2 : 구매 수량의 증감 계획】

놀이 1에서 결정된 구매 수량을 어느 정도 늘릴까, 또는 어느 정도 줄일까를 원하는 대로 결정해보세요. 그리고 그 이유도 생각해보세요.

품절일 경우 실제로는 그 이상 구매할 수 없는 사정이 있었을지도 모르겠지만, 여기에서는 어디까지나 마음대로 하시면 돼요.

다 팔리지 않으면 어떻게 하지?

55페이지 정답

300원 할인과 반값 할인으로 추가 이익이 어느 정도 달라지는지 시뮬레이션을 했습니다. **300원 할인으로 1개를 팔아 이익을 크게 할까, 반값으로 많이 팔까**, 할인 전략도 둘 다 생각할 수 있겠네요.

Q 10개까지 정상 판매가 완료되었고, 그때 이익은 2900원이다. 나머지 3개를 300원 할인해서 팔 경우와 반값에 팔 경우의 이익을 계산하자!

컵수박
판매 가격 1200원

판매 수량	▼ 300원 할인 300원 할인해서 900원에 판매했을 때의 이익	▼ 반값 할인 반값 할인해서 600원에 판매했을 때의 이익
10개 (정상 판매 완료)	2900원	2900원
11개	+900원 3800원	+600원 3500원
12개	+900원 4700원	+600원 4100원
13개	+900원 5600원	+600원 4700원

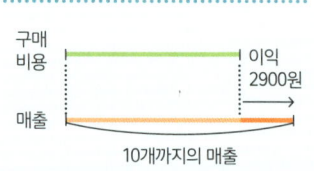

이번 경우, 10개 팔렸을 시점에 2900원의 이익이 발생합니다.

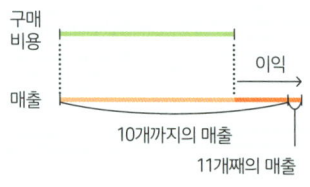

11개째부터는 1개가 팔릴 때마다 300원 할인인 경우 900원씩, 반값 할인인 경우 600원씩 이익이 늘어납니다.

함께 탐구하기

» **구매 회의를 해보자!**

【놀이 3 : 품절·재고 처리 방법】

놀이 2에서 구매 수량 계획을 늘리기도 하고 줄여보더라도, 품절이나 팔다 남은 재고 때문에 걱정이 되죠.

- 품절일 경우 어떻게 할까?
 (고객에게 알리는 방법? 그때 쓰는 말은?)
- 팔다 남았을 경우 어떻게 할까?

이 두 가지 점에 대해 생각해보세요.

그 가게의 점장이 되었다고 생각하고, 세세한 부분까지 신경 써서 고민해보세요.

4일째 직접 해보자! 탐구 도전

58페이지 정답

도전

※ 파란색 부분은 예시입니다.

밖에 나가서 POP를 찾아보자! 편의점 말고 다른 가게에도 있으니 서점, 마트 등에 가보자.

어디서 봤어?	어떤 상품을 홍보하고 있어?	어떤 디자인이야? 표현 방식은?
편의점	신상품 디저트	신상품이라는 문구와 맛에 대한 직원 평가가 손글씨로 적혀 있음
자유 기입 서점	팔리고 있는 책	점원의 추천 문구가 손글씨로 적혀 있음
자유 기입 슈퍼	대량 구매한 추천 상품	상품을 높게 쌓아 놓고, 쌓아 놓은 상품 위에 포스터를 배치함

POP는 '피오피'라고 읽어. Point of Purchase의 약자로, 해석하면 '구입 시점'이라는 뜻이야. 상품을 판매하고 있는 그 장소에서 사달라고 홍보하는 광고 방법을 말하는 거지.

좋았던 예시를 스크랩하자!
표현 방식 중에서 '이거 좋다'라고 생각했던 게 있나요? 비즈니스뿐만 아니라 학교 작문 시간이나 자유 활동 시간에 이용할 수 있으니까, 평소에 좋다고 생각이 드는 표현을 모아보세요.

도전

음식을 버리지 않는, 각자 가능한 아이디어를 생각해보자!
집에서, 가게에서, 학교에서 할 수 있는 일은 없을까?

할 수 있는 것은 ○로 표시하자	그 밖의 아이디어를 써 보자
• 먹을 만큼 요리한다. • 남기지 않고 먹는다. • 바로 먹을 식료품을 살 때는 유통기한이 가까운 것부터 산다. • 너무 많이 사지 않는다. • 냉동 등 보존 방법을 궁리한다.	• 버려지는 식품 문제를 좀 더 조사한다. • 조사했던 것을 자유롭게 정리해, 학교에서 발표한다. • 균형 잡힌 식사를 하며, 과식하지 않는다.

표기에 관심을 가져보자!
식품이 버려지지 않도록 식품에는 여러 가지 정보가 적혀 있습니다. 지구 환경에 도움이 되는 생활 습관을 위해서도 표기에 주의를 기울여요!

실천이 중요!
적는 데 그칠 것이 아니라 생활 속에서 꼭 실천해보세요!

4일째 정리

이익을 내기 위해서, 구매 계획을 어떻게 세우면 좋을까?

팔다 남은 상품이나 재고 등을 걱정하면서 그날그날 구매 계획을 세웁니다.

어떤 상품이 가장 잘 팔릴까?

63페이지 정답

막대그래프를 통해 잘 팔리는 상품을 발견했습니다. **막대그래프 장점은 수량의 많고 적음을 한 눈에 파악할 수 있다는 거죠.** 그래프 활용으로 경영에 중요한 정보를 쉽게 읽을 수 있어요.

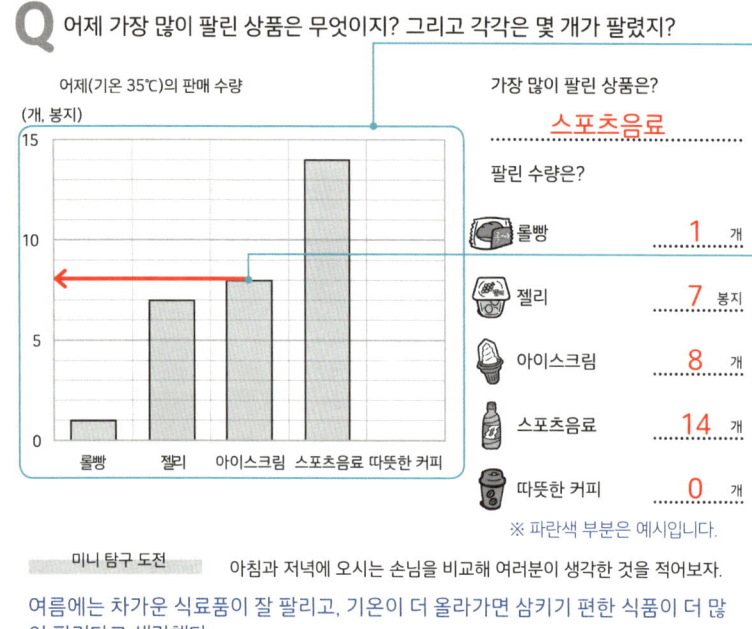

Q 어제 가장 많이 팔린 상품은 무엇이지? 그리고 각각은 몇 개가 팔렸지?

가장 많이 팔린 상품은?
스포츠음료

팔린 수량은?
- 롤빵 1 개
- 젤리 7 봉지
- 아이스크림 8 개
- 스포츠음료 14 개
- 따뜻한 커피 0 개

※ 파란색 부분은 예시입니다.

먼저 전체를 파악하자!
스포츠음료가 많이 팔린다는 걸 한 눈에 알 수 있습니다. 이것이 막대그래프의 장점이죠.

시선을 수평으로 이동!
눈금을 읽을 때, 눈으로만 읽지 말고 연필로 함께 따라가며 읽으면 실수를 줄일 수 있습니다.

미니 탐구 도전 아침과 저녁에 오시는 손님을 비교해 여러분이 생각한 것을 적어보자.

여름에는 차가운 식료품이 잘 팔리고, 기온이 더 올라가면 삼키기 편한 식품이 더 많이 팔린다고 생각했다.

함께 탐구하기

» 예상 그래프를 만들어보자!

【놀이 1 : 내 맘대로 예상하기! 막대그래프】

자주 가는 편의점에서 잘 팔리는 것 같은 상품을 생각나는 대로 예상해서 막대그래프를 만들어보세요.
- 먼저 예상하는 상품을 3개 이상 고른다.
- 선택한 상품에 대한 1일 판매 수량을 예상해본다.
- 이것을 막대그래프로 표현한다.
- 가로축에 각 상품명을 적는다.

"슈크림은 좀 더 팔리지 않을까?"처럼 그 편의점에 자주 가는 친구와 편의점에 관해 이야기하는 것도 재밌죠.

그래프를 가족이나 친구에게 보여주고, 예상이 맞을지 함께 생각해보세요.

 시간대별로 판매 흐름은 어떻게 달라질까?

65페이지 정답

 꺾은선그래프를 통해 시간대별 판매 수량 변화를 살펴봤습니다. **꺾은선그래프로 표시하면 시간대에 따른 최고 판매 수량 및 증감을 쉽게 파악할 수 있습니다.**

Q 상품이 가장 잘 팔리는 건 각각 몇 시쯤인가?

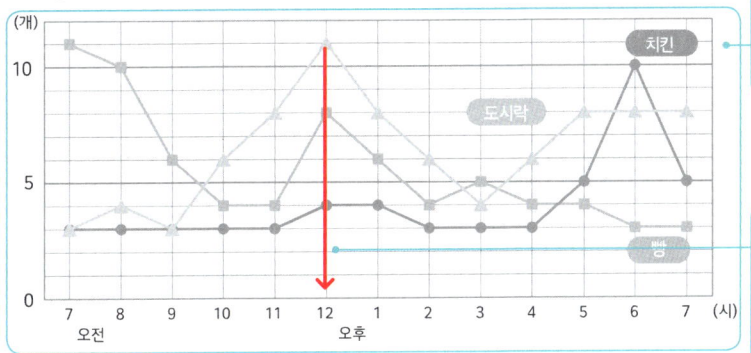

우선은 전체를 파악하자
시간대에서 어디가 제일 높은지, 전체를 보고 그 부분을 파악하세요.

 빵 　오전 7시
 도시락 　낮 12시
🍗 치킨 　오후 6시

시선을 수직으로 이동!
그래프를 세로로 보면 같은 시간대에 판매된 각 상품 판매 수량을 비교할 수 있어요.
그래프 보는 법·읽는 법은 100페이지 〈연산이네 방〉을 참고해주세요.

※ 파란색 부분은 예시입니다.

미니 탐구 도전

해당 시간대에 먹고 싶은 것이나 먹기에 편한 것이 잘 팔린다고 생각했다. 빵은 바쁜 아침 시간에 딱 어울린다.

함께 탐구하기

» **예상 그래프를 만들어보자!**

【놀이 2 : 내 맘대로 예상하기! 꺾은선그래프】

이번에는 시간대별 예상 매출의 꺾은선그래프를 만들어보세요.
- 대상 상품을 선택한다.(놀이 1과 같아도 괜찮아요)
- 몇 시에 몇 개 팔릴지 예상해본다.
- 그것을 꺾은선그래프로 표현한다.

그래프를 가족이나 친구에게 보여주고, 예상이 맞을지 함께 생각해보세요.

"아, 확실히 슈크림은 저녁에 팔릴 것 같아요. 왜냐하면…"과 같이 이유도 함께 이야기하면 더 즐거운 시간이 될 거예요.

5일째 오후 1시 — 어떤 손님이 많을까?

67페이지 정답

 원그래프에서 저녁 시간대에 방문하는 손님들의 성별, 연령층, 비율을 살펴보았습니다. 어떤 연령층의 비율이 많을까를 파악하는 것은, 가게를 운영하는 데 있어 매우 중요합니다. **원그래프는 그 비율 파악이 쉽습니다.**

Q 저녁 5~6시는 남성과 여성 중에 누가 더 많은가?
가장 많은 연령층은 어디인가?

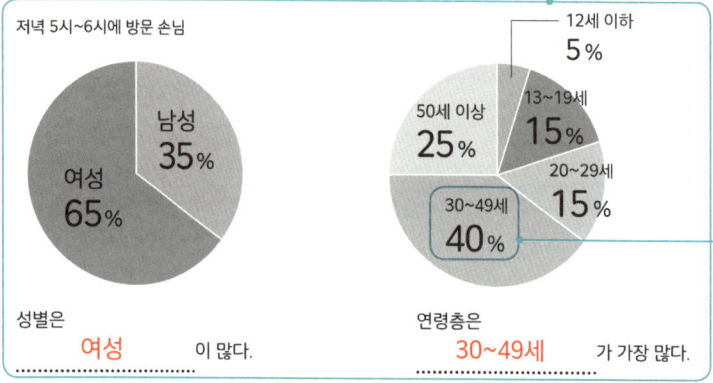

성별은 <u>**여성**</u> 이 많다.

연령층은 <u>**30~49세**</u> 가 가장 많다.

전체를 보고, 대략적인 비율을 파악하자!
각 부분의 크기에서 비율의 대소를 대략적으로 파악하세요.

알아보고 싶은 부분의 비율을 읽어보자!
원그래프 수치는 전체를 100%으로 했을 때, 각각이 차지하는 비율을 나타내는 것이죠. 그래프 보는 법·읽는 법은 100페이지 <연산이네 방>을 참고해주세요.

※ 파란색 부분은 예시입니다.

미니 탐구 도전
저녁 시간에 30~49세와 50세 이상 고객을 합하면 65%나 되며, 아침과 비교해서 매우 높은 점이 신기했다.

함께 탐구하기

» **예상 그래프를 만들어보자!**

【놀이 3 : 내 맘대로 예상하기! 원그래프】

어느 시간대 편의점 고객 연령층을 예상해서, 원그래프로 표현해보세요.
- 그 시간대 고객 이미지를 그린다.
- 연령층별 비율을 예상한다.
- 그것을 원그래프로 표현한다.
- 비율 합계가 100%가 되도록 주의하자.

그래프를 가족이나 친구에게 보여주고, 예상이 맞을지 함께 생각해보세요.

평상시 신경을 쓰지 않으면, '어떤 고객이 있었지?'라며 이미지를 떠올리기 어려운 법이죠. 그게 역으로 재미있는 부분이죠. 이 그래프 그리기를 계기로 관찰해보세요!

5일째 오후 3시 — 얼마 정도 돈을 쓸까?

특정 시간대의 고객들이 사용한 금액 평균을 계산했습니다. 평균 구하기로 다른 시간대와 간단하게 비교할 수 있는 편리함이 있어요.

69페이지 정답

Q 다음 표는 저녁에 방문한 30~49세 여성 손님 중 6명을 뽑아 사용한 금액과 구매한 상품을 나타낸 거야. 이 6명이 쓴 금액의 평균은 얼마일까?

저녁 30~49세 여성 손님   사용한 금액의 평균은 **13000** 원

손님	A	B	C	D	E	F
사용한 금액	12000원	12000원	7000원	18000원	14000원	15000원
구매한 상품	감자샐러드 치킨 세제 아이스크림×2	햄버거×2 낫또 냉동볶음밥 우유	야채 샐러드 푸딩×3	티슈 메추리알 조림 우유 아이스크림×4 고로케×4	도시락×2 주스×2 치킨	샴푸 보쌈 김치 젤리×4

6명이 사용한 금액 합계는
12000 + 12000 + 7000 + 18000
+ 14000 + 15000 = 78000 (원)
6명이 사용한 금액 평균은
78000 ÷ 6 = 13000 (원)

평균을 구하는 방법은 101페이지
<연산이네 방>을 참고해주세요.

※ 파란색 부분은 예시입니다.

미니 탐구 도전

아이스크림이나 고로케를 사람 수대로 사면 금액이 높아진다. 역시 가족 수가 많으면 식비도 많이 들겠다고 생각했다.

함께 탐구하기

» **예상 그래프를 만들어보자!**

【놀이 4 : 내 맘대로 예상하기! 구매 상품 리스트】

마지막은 그래프가 아닌 표입니다. 어떤 고객이 구매한 상품 리스트를 상상력을 발휘해 예상해보세요.
- 고객 이미지를 그린다.
- 고객 성별, 나이, 모습을 적는다.
- 표로 정리한다.

표를 가족이나 친구에게 보여주고, 내 예상이 맞을지 함께 생각해보세요.

"사실 이건 아빠 얘기야."와 같이 대화를 나눌 상대와 공감할 수 있는 고객을 설정해서 작성하면 더 재미있어요!

5일째 직접 해보자! 탐구 도전

72페이지 정답

도전

※ 파란색 부분은 예시입니다.

계절별로 특히 잘 팔릴 것 같은 상품을 생각해보자!
편의점뿐만 아니라 다양한 가게를 떠올려 상품을 적어보자.

계절	계절별로 잘 팔릴 것 같은 상품 (의식주·놀이·계절별 관련 상품 등 무엇이든 OK)
봄	참고서·문구·가전제품·가구·식품
여름	튜브·타월·얼음 빙수·티셔츠·샌들
가을	카메라·스포츠 웨어·핼러윈 상품
겨울	따뜻한 음료·크리스마스 상품·목도리·장갑·난방기구

상황 상상하기!
예를 들어 '봄은 신학기나 새 삶이 시작되는 계절이기에, 그것에 필요한 것은 뭘까?'와 같이 생각해보세요. 행사나 상황에서 필요한 것을 생각하면 여러 가지 생각이 들죠!

도전

여러분 동네에는 편의점이 어떤 곳에 있는지 적어보자. 실제로 가보고 어떤 손님이 많은지 관찰하자.
장소와 손님은 어떤 관계가 있을까?

편의점 점포명	장소가 어디야? (편의점 근처에는 뭐가 있나?)	어떤 손님이 많아? (관찰했더니 어땠어?)
편의점 A	역에서 나오면 바로 있음	일하는 사람·학생 할아버지·할머니
편의점 B	대학교 근처	학생

생활 속 동선!
관찰해보니 어땠나요? 고객 특징과 편의점 입지에 관계가 없을까요? 편의점은 겸사겸사 들르는 사람이 많기에, 주변에 어떤 생활을 하는 사람이 많을지가 오는 고객층과 관련이 있어요. 생활 속에서 다니는 길을 '생활 속 동선'이라고 해요.

5일째 정리

경영 판단을 하기 위해서는 데이터나 정보가 생명입니다!

카드로 계산하면 포인트가 적립되는데, 이는 데이터가 필요하기 때문입니다. 어디에서 어떤 데이터를 얻을 수 있을지, 그리고 그 데이터는 어떻게 도움이 될지, 경영자의 눈높이에서 세상을 관찰해보세요.

어떻게 하면 지원하고 싶어질까?

77페이지 정답

※ 파란색 부분은 예시입니다.

도전

거리에서든 인터넷에서든 구인 광고를 2개 찾아보고, 그 내용을 적어보자!

	구인 광고 A	구인 광고 B
어떤 구인이지?	역 앞 국수 가게	창고형 장난감 가게
시간	오전 5시~오전 10시	주 1회부터 OK 오후 언제든지
업무 내용 / 요구하는 능력	고객 안내·주문 받기·회계· 테이블 세팅·정리·설거지 등	장난감 검품·스티커 부착·포장
시급·급여	10500원	12000원
구인 광고에서 그 일의 장점을 어떻게 전달하고 있는가?	맛으로 승부하는 국수 가게 초보자도 환영	바로 일할 수 있는 단순 작업!
지원 방법	홈페이지 지원서 제출	전화

찾아보면 깨닫는다!
어떻게 찾았나요? 거리에서든 인터넷에서든 찾으면 의외로 있다는 걸 알게 되지 않았나요? 이번에 찾은 구인 광고 이외에도 신경 쓰였던 것을 찾아보고 검색하는 자세가 중요합니다.

여러분이라면 어느 쪽의 일을 해보고 싶은가? 그 이유는?

> 국수 가게에서 일해 보고 싶다. 이유는 고객과 직접 이야기할 수 있고, 맛있게 먹는 고객 얼굴을 볼 수 있기 때문이다.

가게의 매력을 전달하는 법!
'어떤 매력이 있을까?'를 고민하는 동시에, '어떻게 하면 지원자에게 가게 매력이 더 잘 전달될까?' 하는 전달 방법도 같이 고민해보세요!

함께 탐구하기

» **경영 조력자 놀이를 해보자!**

【놀이 1 : 생각나는 대로 개선점 모조리 찾아내기】

자주 가는 편의점에 대해 생각했을 때 '이런 건 이랬으면 좋을 텐데' 하는 개선했으면 하는 점이 있다면 생각나는 대로 목록을 만들어보세요.

예를 들어 '진열 상품 표시를 이렇게 하면 좋을 텐데', '이런 상품이 있다면 좋을 텐데' 등 뭐든지 좋아요!

6일째 오후 1시 — 우리 가게만의 '색깔'을 만들려면?

79페이지 정답

도전

※ 파란색 부분은 예시입니다.

여러분 지역의 생필품 또는 식료품 가게 3곳을 선택해서 비교해보자!
(생필품이나 식료품 가게는 편의점·슈퍼·마트·잡화점 등을 말한다.)

	어떤 가게인가?	가게의 장점 및 특징은?
❶	사거리 마트	상점 규모가 크고, 상품 종류가 다양함 생활용품이 거의 구비되어 있음 특히, 크기가 큰 상품이 많음
❷	역 앞 편의점	무엇보다 입지 조건이 좋음 지역 특산품 코너가 있음 POP 홍보물이 귀여움
❸	역에서 먼 편의점	친절한 접객 태도 간식류가 다양함 이 편의점에만 제공하는 밀크셰이크가 있음

가게만의 '색깔'이란?
'색깔'이란 뭘까요? 가게뿐만 아니라, 사람, 지역, 국가에도 '색깔'이 있죠. 이것을 계기로 가게 이외의 '색깔'도 생각해보세요!

여러분이 만약 가게 ❶의 점장이라면, 매출을 올리기 위해 어떤 상품이나 서비스를 새롭게 제공할지 생각나는 대로 적어보자!

- 저녁에 타임 세일을 함
- 주 1회 제비뽑기 이벤트를 함
- 고객 설문조사를 통해 상품 구매하기
- 계산대 근처에서 싼값에 쉽게 살 수 있는 상품 진열하기
- 세일 상품, 주력 상품, 최다 판매 제품 등을 소개하는 POP 홍보물 제작하기

가게의 '메인 상품'을 만들자!
비즈니스를 할 때는 다른 가게와 비교해서 '이게 이 가게의 메인 상품이야'라는 강점 상품이나 그걸 사러 고객이 올 만한 메인 상품을 만드는 게 중요합니다. 이것은 사람, 지역, 국가에도 모두 해당해요. 다른 사람들에게 어필할 수 있는 여러분의 '장점'은 무엇인가요?

함께 탐구하기

» 경영 조력자 놀이를 해보자!

【놀이 2 : 개선하면 어떻게 될지 예상하기】

적어 둔 개선점을 실제로 실행하면, 가게가 어떻게 바뀔지 예상도 적어보세요.

'고객이 계산대에서 기다리는 시간 줄이기', '10대 고객 늘리기' 등이 개선되었을 때의 성과를 예상해보세요.

6일째 오후 3시 편의점의 미래는?

81페이지 정답

※ 파란색 부분은 예시입니다.

도전

로봇형 무인 계산대가 늘어나면 지금과 어떤 것이 달라질까?
생각나는 대로 적어보자! 편의점 이용이 아니어도 괜찮아!

- 계산대에 줄이 줄고, 빠르게 상품 구매가 가능함
- 로봇과의 대화가 즐거울지 또는 혼란스러울지 모름
- 조작되는 기계음이 재미있을 것 같음
- 신용카드 사용 등 현금 결제가 없는 방향으로 진행됨
- 1인 가족은 사람과 대화할 기회가 적어짐

> **사람이 있어야 할 장소!**
> 생각해보니까 어땠나요? 로봇과의 공존 사회를 상상해보며 이번에는 반대로 꼭 사람이 있어야 할 장소나 사람이 있었으면 하는 장소를 생활 속에서 찾아보세요.

드론 이용이 늘어나면 지금과 어떤 점이 달라질까?
생각나는 대로 적어보자! 택배나 편의점 이용이 아니어도 괜찮아!

- 사람이 탈 수 있는 드론 택시로 이동할 수 있다면 편리할 듯
- 공동 구매 드론이 생기면 재미있을 것 같음
- 배분하기 쉬울 듯함
- 체육 수업에서 드론을 사용하면 즐거울 듯함
- 드론으로 그림 그리기, 드론 경주하기 등

> **미래 모습 그리기!**
> 드론은 사람의 이동이나 사람이 갈 수 없는 장소의 촬영에도 사용할 수 있을지도 모르죠. 미래에는 무슨 일이 일어날지 모르니 기대감을 키워가요! 말뿐만 아니라 기대되는 미래를 그림으로 그려봐도 재밌을 것 같아요!

로봇형 무인 계산대나 드론 이외에, 미래의 편의점은 지금과 어떤 것이 달라질까?
생각나는 대로 적어보자!

- 일하는 방식에 대한 혁신 관련 뉴스를 자주 보니까, 24시간 영업을 안 하는 가게가 늘어날 수도 있음
- 외국 출신 점원이 더 늘어날 것 같음
- 편의점에서 영어 회화나 어학원을 하면 재밌을 것 같음
- 구매 계획을 AI가 해줄 것 같음
- 식품 손실을 줄이기 위해 스마트폰으로 사전 예약할 수 있는 식품 등이 생길 것 같음

6일째 정리

편의점을 어떻게 하면 더 좋아질까?

세상의 흐름을 느끼면서, '좀 더 이러면 좋을 텐데' 하는 것을 여러 가지 생각해보세요. 편의점 미래에 대한 제안을 실제 편의점 본사에 메일로 보내봐도 재미있는 경험이 될 거예요.

125

7일째 오후 1시 어떤 가게들이 있지?

87페이지 정답

도전

※ 파란색 부분은 예시입니다.

밖으로 나가서 가게를 찾아보자!
각각의 가게가 '물건'을 파는 곳인지 '서비스'를 제공하는 곳인지도 구분하자!
('서비스'란 즐거움, 체험, 정보 등 형태가 없는 것을 제공하는 것이다.)

어떤 가게야?	팔고 있는 건 뭐야?	'물건'이야, 아니면 '서비스'야? 둘 다야? (○으로 표시하자)
슈퍼	식료품 · 생활용품	ⓧ물건 · 서비스
학원	공부를 잘하게 됨	물건 · ⓧ서비스
헬스클럽	몰입할 수 있는 시간 체력 증진	물건 · ⓧ서비스
동물 카페	카페 · 음료수 힐링	ⓧ물건 · ⓧ서비스

다양한 가게!
세상에는, 여러 가지 가게가 정말 많이 있어요. 이번 도전뿐만 아니라 앞으로도 더 많이 찾아보세요!

수찬이와 세미는 찾아낸 가게를 다음과 같이 분류했어.
이 부분은 여러분 생각으로 분류해보자!

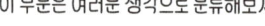

● 물건
· 문구점
· 옷가게
· 서점
· 꽃집

● 서비스
· 미용실

● 양쪽
· 카페
· 베이커리
  *사들고 갈 상품(제과)도 있고, 먹을 수 있는(서비스를 제공받는) 장소도 있으니, 양쪽으로 파악했다.
· 레스토랑

파는 방법도 각양각색!
같은 서점이라도 가게에서 팔 건지, 인터넷에서 팔 건지, 또 책만 팔 건지, 책과 함께 살 만한 것도 팔 건지 등 파는 방법도 각양각색입니다. 탐구를 발전시켜 다양한 비즈니스 방식을 분류해보는 것도 재미있을 거예요.

함께 탐구하기

» 이번 도전을 다른 사람과 함께 하자!

【놀이 1 : 함께 할 멤버 찾기】

가족이나 친구들한테 '같이 도전하자'고 제안해보세요.

수찬이와 세미처럼 2명 이상이 하면 깨닫는 점, 생각 등 차이가 생겨 보다 탐구가 깊어지죠.

7일째 오후 2시 — 어떤 가게를 해보고 싶어?

89페이지 정답

※ 파란색 부분은 예시입니다.

도전

어떤 가게를 하고 싶은지 생각해보자. '물건'과 '서비스' 중 어떤 것을 제공하는 가게인가?

하고 싶은 가게 종류	어떤 걸 팔지? (물건? 서비스?)
동물 카페 & 배움터	가게 안에 고양이, 새, 강아지가 있고 힐링 시간을 제공하고 입장료 받기 카페 서비스가 있으며 음료나 가벼운 식사 팔기 가게 일부가 학습 공간으로 되어 있어, 서로 가르쳐 주는 것이 가능함

> **상품부터!**
> '이런 걸 팔고 싶어'라는 상품, 서비스에 대한 열정을 가지고, 가게를 생각하는 게 중요합니다. 여러분의 생각을 말로 표현해보세요.

어떤 손님을 위한 가게인지 생각해보자. 그 손님의 니즈를 예상한다면?

오시는 손님 이미지	손님의 니즈는? (예상)
집에서 애완동물을 키울 수 없는 동물 애호가 일을 마치고 오는 길에 힐링을 원하는 사회인 공부에 지친 초등학생에서 고등학생까지	기르는 것은 어렵지만, 동물들과 편안하고 즐겁게 시간을 보내고 싶음 고양이가 조용히 있는 동안 컴퓨터로 일하거나 공부하고 싶음 동물이 많이 없어도 좋으니, 동물을 쓰다듬거나 만지기 쉬웠으면 함

> **니즈부터!**
> 또 하나 중요한 점은 '이런 요구가 있으니 이런 것을 하는 거야'라는 순서로 생각하는 겁니다. 상품·니즈에 관한 생각은 양쪽 다 중요합니다. 여러분이 생각하기 쉬운 방법으로 가게 이미지를 구체적으로 그려보세요.

함께 탐구하기

» 이번 도전을 다른 사람과 함께 하자!

【놀이 2 : 서로 보여주기 & 조언 주고받기】

여러분의 '도전'을 서로 보여주고, 감상이나 조언을 주고받아보세요.

> 다른 사람들의 의견을 들으면, '그렇군. 그런 관점도 있구나.'라고 깨닫는 경우가 있기 때문에 추천해요!

127

7일째 오후 3시 — 가게 특징을 생각해서 디자인하자!

91페이지 정답

도전

※ 파란색 부분은 예시입니다.

여러분이 하고 싶은 가게의 가장 큰 특징은 무엇인가? 가게 이름은?

가장 큰 특징	가게 이름
애완동물을 키울 수 없는 분들에게 작은 동물들과의 힐링 공간 제공 편안한 공부 시간 제공	동물 교감 스터디카페 **애니스터디**

제공하는 가치를 생각하자!
제공하는 가치란, '다른 사람이 모방할 수 없는 그 상품·서비스만의 독자적인 장점'을 말합니다. 여러분이 손님에게 제공하고자 하는 가치는 무엇이죠? 종이에 적는 게 끝이 아니라, 제공하려는 가치 즉 가게의 '색깔'을 지속적으로 생각하는 것이 중요합니다.

하고 싶은 가게의 간판, 상품 포장, 포스터 등 필요한 것을 생각하고, 그중에 2개 정도 선택하여 디자인을 그려보자!

열정을 담자!
일에는 설렘이 중요합니다. 자기 나름의 열정을 담아, 그런 표현을 즐기세요. 이번으로 끝내지 말고 열정을 담아서 표현하는 게 중요합니다.

함께 탐구하기

» 이번 도전을 다른 사람과 함께 하자!

【놀이 3 : 할 수 있는 것 실행하기】

생각해 둔 가게에 따라 다르겠지만, 시험 삼아 실행해보고 고객 감상을 받아보세요.

예를 들어, 실제로 집에서 해보고, 가게의 매력을 더 어필하기 위해 부족했던 점, 개선점 등의 조언을 받아보세요.

7일째 오후 4시 — 가격이나 요금을 정하자!

93페이지 정답

도전

※ 파란색 부분은 예시입니다.
(127~128페이지에 등장한 가게를 예시로 사용한 경우)

여러분이 하고 싶은 가게의 상품 가격이나 서비스 요금을 정해보자!

상품·서비스	가격·요금
입장료	성인: 10000원 학생: 5000원
카페	커피: 4000원 샌드위치: 5000원 등등
스터디카페	무료(사람이 많은 경우 서로 양보하기)

중요한 가격·요금!
가격과 요금은 이전 도전에서 생각한 가게가 제공하려는 가치와 대응하고 있어요. 그 제공하는 가치에 비해 비싼지 싼지 가족이나 친구들의 의견도 들어보고 적당한 금액을 정해보세요!

비용 목록을 작성해보자! 비용이 얼마나 들지는 안 써도 OK!

개업 전 준비 비용 목록	영업시 발생하는 비용 목록
가게 꾸미기 내부 인테리어·가구·키친 애완 동물 준비 (개·고양이·새 등)	직원 인건비 애완 동물 사료비 애완 동물 건강관리 비용 카페 식자재·재료비 광고·선전·전단지 비용 등

비용 예상하기!
비용을 생각하는 게 어렵지는 않았나요? 이번 경험을 기회로 평소에 여러 가게를 들러보고 어떤 비용이 들지 생각해보세요! 여러 가지를 알 수 있게 될 거예요.

7일째 정리

비즈니스 너무 재밌어요!
물론 힘들기도 하지만 노력이 매출로 나타나거나 무엇보다 "고맙습니다"라는 고객의 인사가 기쁨이거든요.
지금까지 7일간의 탐구가 어땠나요? 학습하면서 설렘을 느꼈던 부분은 꼭 앞으로도 꾸준히 탐구해주세요! 저처럼 난처한 상황에 놓이지 말고, 여러분께는 행운이 있으시기를 바랄게요!

직접 해보자! 탐구 도전

97페이지 정답

도전

※ 파란색 부분은 예시입니다.

직업 체험 중 며칠째가 재미있었나 생각해보자.
1~3위까지 순위를 매겨, 재미있었던 이유를 적어보자.

	미션	순위	재미있었던 이유
1일째	• 재고 관리 • 재고 수량 - 판매 수량 + 구매 수량 = 현재 재고 수량	3	비즈니스에 사용하는 수학이 생각보다 간단하고, 이런 식으로 계산하는 것이라는 데 놀랐음
2일째	• 매출 계산 • 1개의 판매 가격 × 판매 수량 = 매출		
3일째	• 이익 계산 • 매출 - 구매 비용 = 이익		
4일째	• 구매 계획 • 판매 수량에 따른 이익 시뮬레이션		
5일째	• 판매 분석 • 막대그래프, 꺾은선그래프, 원그래프, 평균 계산	2	그래프를 그리면 가게 상황이나 흐름을 한 눈에 알 수 있어 재미있었음
6일째	• 편의점 경영 • 구인 광고, 경쟁점 대책, 편의점의 미래		
7일째	• 다양한 가게 • 가게 종류 조사 및 하고 싶은 가게	1	자신이 하고 싶은 가게를 생각하는 것은 역시 재미있었음

배운 걸 살려서 앞으로 해보고 싶은 게 있다면?
(해보고 싶은 것에 O로 표시하자.)

- ⓞ 쇼핑할 때 상품 가격, 매출, 구매 가격, 이익 등을 생각해본다.
- ⓞ 환경을 생각한 상품을 찾아본다.
- ⓞ 사업에 관련된 뉴스를 본다.
- ⓞ 마음에 드는 가게를 찾아서, 왜 그런 가게로 만들었는지 생각해본다.
- ⓞ 기타 (7일째 도전에서 생각했던 것을 좀 더 조사해본다)

관심 가는 것부터 시작해보자.

수학 연산은 학교에서만 하는 게 아니라 일상생활에서도 매우 유용합니다! 수학 연산을 배울 때 '이건 어딘가에 쓰일 수 있을 것 같아'라는 식으로 연산의 활용법을 생각하고 수학 연산을 즐겼으면 좋겠습니다.

어린이를 위한
수학의 쓸모 (연산편)

초판 1쇄 인쇄 | 2023년 9월 4일
초판 1쇄 발행 | 2023년 9월 11일

지은이 | 에이스쿨
발행인 | 김태웅
편 집 | 편집 1팀
디자인 | Design MOON-C
마케팅 | 나재승
제 작 | 현대순

발행처 | (주)동양북스
등 록 | 제 2014-000055호
주 소 | 서울시 마포구 동교로 22길 14 (04030)
구입 문의 | 전화 (02)337-1737 팩스 (02)334-6624
내용 문의 | 전화 (02)337-1763 이메일 dybooks2@gmail.com

ISBN | 979-11-5768-948-4 (74410)
SET ISBN | 979-11-5768-947-7 (74410)

▶ 본 책은 저작권법에 의해 보호를 받는 저작물이므로 무단 전재와 복제를 금합니다.
▶ 잘못된 책은 구입처에서 교환해드립니다.
▶ 도서출판 동양북스에서는 소중한 원고, 새로운 기획을 기다리고 있습니다.

http://www.dongyangbooks.com